AF401518

L'UTILITÉ DU POUVOIR MONARCHIQUE.

CONTENANT

L'HISTOIRE DE PHALARIS,

AVEC

SES LETTRES

SUR LE GOUVERNEMENT,

ET

LES CONSEILS D'ISOCRATE,

ou le Modele des Ministres.

Par M. C. de S. M.

TOME PREMIER.

M. DCC. XXVI.

PREFACE.

I tous ceux qu'on a placés au rang des Hommes Illuſtres, tant des ſiecles paſſés, que de ceux-ci, n'y avoient été admis que par leur mérite, & par leur Vertu, le nombre n'en ſeroit pas ſi grand : mais il s'eſt toûjours trouvé des Hiſtoriens faux, complaiſans & flatteurs, qui, pour faire leur cour à des Princes; en qui ils connoiſſoient le foible d'aimer la

a

loüange & la flatterie, ont
couvert le vice du manteau
de la Vertu, & n'ont fait
mention dans leurs Hiſtoi-
res que des grandes Actions
de leurs Heros ; & ainſi ce
ſont plûtôt des Panegyriſtes,
que des Hiſtoriens ; ce qui
eſt une faute eſſentielle,
puiſqu'un Auteur doit ſe faire une Loi inviolable d'écrire la vetité, & de découvrir
également les Vertus, comme les foibleſſes des Princes.

Il en eſt de même d'un
Hiſtorien que d'un Peintre,
lequel en fardant & embel-
liſſant ſon Portrait, trompe
le Public, en lui dérobant
la veritable reſſemblance de

celui qu'il vouloit repréfen-
ter.

Il en arrive autant à l'E-
crivain flateur ; il déguife
les défauts de fon Heros ; &
pour vouloir trop l'élever,
il le rend méconnoiffable à
la pofterité.

Les Siciliens ne font point
tombés dans cette erreur, du
moins à l'égard de Phalaris,
Roi d'Agrigente ; ils nous
l'ont reprefenté comme le
plus cruel Tyran qui ait jamais regné : Mais comme
ces Peuples ne cheriffoient
rien tant que la liberté, &
que par confequent, ils haïf-
foient le pouvoir Monarchique, on peut dire que le Por-

trait odieux qu'ils ont fait
de Phalaris, vient plûtôt de
leur prévention & de leur
haine pour la domination,
que de leur sincerité & de
leur amour pour la verité.

Ils ne pouvoient souffrir
la severité d'un Prince qui
punissoit rigoureusement le
vice, quoiqu'il récompen-
sât liberalement la Vertu ;
personne n'ignore que les
Grecs & les autres Peuples
de Sicile détestoient & regardoient le pouvoir despo-
tique comme une tyran-
nie ; il est neanmoins plus
avantageux au repos des
Peuples qu'un Royaume en
devient bien plus florissant,

les Loix y font bien mieux obfervées, & le Commerce eft plus avantageufement établi : il ne faut donc pas s'étonner fi les Siciliens ont fait paroître Phalaris fi noir-ci de crimes , fi cruel & fi Barbare.

Comme ils ne connoif-foient pas la fubordination, la nouveauté d'un Gouver-nement abfolu leur avoit paru odieufe & contraire à leur liberté : accoûtumés à fe choifir eux - mêmes des Chefs , & à les dépofer felon leurs caprices & leurs interêts particuliers , une autorité & une puiffance ab-foluë les avoit effarouchés:

des privileges & des droits
qui n'appartenoient qu'aux
Souverains, abolis & anéan-
tis, les avoient déchaînés
contre la Monarchie; le libertinage, le vice, l'injuftice, les plaifirs infâmes & pu-
blics, les affaffinats, les vols
& les concuffions reprimés
& châtiés par le Gouvernement prudent & fage d'un
Souverain, leur avoit donné une idée fi affreufe & fi
cruelle de la puiffance Monarchique, qu'ils regar-
doient les Rois & les Princes comme des Tyrans &
des ufurpateurs.

Ils ont prétendu prouver
cette tyrannie fuppofée par

la liberté avec laquelle nous naiſſons , qui , diſent-ils , ſe trouve opprimée & ravie par le pouvoir deſpotique. Ils avancent encore , qu'il n'eſt pas naturel qu'un ſeul homme puiſſe commander un nombre infini d'autres , & poſſeder lui ſeul plus de biens que tous ſes Sujets : Ils ſoûtiennent que la Nature prudente & liberale n'a découvert ſes tréſors aux hommes , que pour qu'ils en fiſſent un partage égal entr'eux ; & qu'enfin la domination étoit un effet de l'ambition démeſurée des hommes , & que , par conſequent , c'étoit une tyrannie , & non

pas un droit legitime &
équitable. Je réponds à ces
Objections foibles & popu-
laires :

Premierement ; qu'il est
vrai que nous naissons avec
la liberté ; mais qu'en même
tems la dépendance où nous
réduit notre enfance, nos ir-
resolutions perpetuelles sur
toutes les choses de la vie , &
notre inconstance dans un
âge où nous devrions joüir de
ce privilege naturel avec discernement & avec solidité ,
doivent nous faire connoître que cette même liberté
n'est attachée à la condition
de l'homme , que parce que
le premier Moteur de toutes

choses, en le créant, n'auroit
pas donné une si haute idée
de son pouvoir & de l'excel-
lence de ses ouvrages, si il ne
l'avoit pas créé avec une dépendance naturelle.

Que les hommes foibles
& rampans ne s'approprient
donc plus un droit qui n'est
qu'un attribut de la Divini-
té, & qui ne leur a été ac-
cordé que pour en faire un
usage digne de leur création.
Qu'ils s'attachent, pour
soûtenir ce titre glorieux à
combattre des passions qui
les deshonorent; qu'ils sur-
montent des foiblesses qui
les maîtrisent, & qui les rendent si indignes d'eux-mêmes.

Les hommes n'ont que deux routes à suivre ; l'une conduit à la Vertu, & l'autre au vice : Il s'agit de vaincre un penchant naturel qui les porte à la vie licentieuse, & qui les rend esclaves des sens, pour n'écouter que les mouvemens de la raison, & pour ne goûter que les charmes de la veritable Vertu. Mais comme les passions sont les plus fortes, & qu'elles flattent & séduisent par leurs trompeuses douceurs le cœur de l'homme ; une conduite si contraire à l'intention de son Créateur, lui fait perdre son droit naturel.

N'eſt-il donc pas vrai de dire, qu'il faut un frein pour arrêter & moderer cet homme, qui ne ſe connoît plus & qui s'égare ? Et en eſt-il un plus ſûr & un plus ſolide que la Monarchie?

Secondement ; ils diſent qu'il n'eſt pas naturel qu'un ſeul homme puiſſe comman-der à tant d'autres, & poſ-ſeder lui ſeul plus de biens que tout le reſte.

Il eſt facile de combattre cette erreur & cette fauſſe opinion.

Il y a eu de tout tems de la ſubordination parmi les hommes, il y en a même encore dans les Républi-ques.

Il est vrai que la puissan-
ce chez ceux-ci n'est que paf-
fagere & bornée, & qu'elle
est chez les Souverains sta-
ble & fans limites.

Cette autorité absoluë
n'est-elle pas très-avantageu-
se aux Peuples, lorsqu'ils ont
le bonheur d'être gouvernés,
par des Princes sages & pru-
dens, & dont les Loix dic-
tées par l'équité, ne tendent
qu'à l'agrandissement & à la
tranquillité d'un Etat?

A l'égard des richesses que
les Princes possedent, doit-
on leur en reprocher la jouïf-
sance, puisqu'ils ne s'en fer-
vent que pour les dispenser
à leurs Sujets, & qu'ils n'en

font, pour ainfi dire, que les dépofitaires.

On ne répond à la troifiéme Objection des Grecs, qui ont eu affez de vaine gloire pour décider en Maîtres de toutes chofes, & qui nous ont laiffé pour des Oracles toutes leurs opinions & leurs principes, que pour pouvoir faire connoître que ces mêmes Grecs étoient des hommes, & par confequent capables de fe tromper ; il eft vrai qu'ils ont eu de l'élevation, & qu'il eft même glorieux de les copier ; mais il eft certain auffi qu'ils n'ont pas été exempts de prévention : ainfi, puifqu'ils étoient fujets aux mêmes foiblefles que nous, ne pouvons-nous pas comme eux nous élever au-deffus de nous - mêmes ? Ils n'ont pas épuifé toutes les fciences , puifqu'ils ne nous ont laiffé qu'une foible connoiffance de la Nature ; la recherche de fes differens effets nous offre des occafions de paffer dans les fiecles à venir pour avoir mieux penfé qu'eux, & une noble émulation nous doit exciter à les furpaffer en les imitans ; ainfi ils n'ont établi l'avantage de la liberté, que par prévention & par un interêt particulier.

Nous pouvons donc, fans

nous arrêter tout-à-fait à leurs fentimens, produire les nôtres.

Il eft naturel à l'homme de chercher à s'élever, & l'éclat d'une Couronne a bien de quoi flatter fon cœur ambitieux ; je crois même que les fept Sages fi vantés parmi les Grecs n'auroient pû refifter à l'appas féducteur de regner : mais qu'ils mettent dans la balance les douceurs & les peines qui fuivent le Gouvernement, ils avoüeront bien-tôt qu'il faut que l'homme veüille fe priver du repos & des charmes de la vie tranquille, pour fe charger du pefant fardeau d'une Couronne.

Un Prince occupé sans cesse des interêts & du bien de son Peuple, ne trouve pas le moyen de penser à lui, ses Sujets profitent des heureux évenemens, lui seul a part à la disgrace par la perte de sa gloire & de sa réputation.

L'homme privé peut se rendre heureux en se bornant, & en fixant sa felicité ; un Prince tout couvert de Gloire & de Lauriers, a toûjours quelque chose à souhaiter : le Trône inspire des sentimens, & exige des droits qu'un Roi ne peut lui refuser.

C'est donc avec injustice

que toute l'Antiquité a regardé la domination comme
une tyrannie, un Prince n'eſt
Tyran que de lui-même.

Il ſuffit qu'un Souverain
veüille policer un Royau-
me, en retrancher les abus,
aſſûrer ſon autorité, ſoûtenir
la Religion, châtier la témerité du particulier, im-
poſer ſilence aux indiſcrets,
oppoſer au crime la rigueur
des Loix, ſe ſervir des tour-
mens & des ſupplices pour
punir les conſpirateurs & les
traîtres, employer le ſecours
& les biens de ſes Sujets dans
des affaires importantes qui
regardent leur propre inte-
reſt, ou leur gloire, & la

fienne ; Et enfin pour vouloir rendre l'homme com-
me il devroit être ; un Prince paſſe quelquefois pour
être ambitieux, cruel & Tyran. Ce ſont pourtant là de
ces Actions qui devroient
le rendre parfait & recommandable à la poſterité ; ainſi, on ne doit pas s'en rapporter au Peuple ſur le bon
ou mauvais Gouvernement
d'un Prince, puiſque ce Peuple ne juge de tout que par
caprice, & ſelon les ſens.

Je ne ſçai point de trait
dans l'Hiſtoire, qui convien-
vienne mieux à prouver la
neceſſité du Pouvoir Mo-
narchique & la juſtification

de Phalaris, en faifant connoître l'injuftice du Peuple,
que l'ingratitude des Ro-
mains à l'égard de Cefar qui
avoit été leur Liberateur.

Tout le monde fçait que
les Romains ont pouffé fi
loin l'amour de la liberté,
qu'ils facrifioient leurs vies
pour la conferver, & ne con-
noiffoient plus leurs Chefs
& leurs Protecteurs, lorfqu'ils vouloient y attenter.

Cefar, ce fameux Dicta-
teur, à qui Rome a l'obli-
gation d'avoir été la Maî-
treffe de la Terre, eft immo-
lé par ces mêmes Romains
à fa propre gloire.

Ce Reftaurateur de la Ré-

publique, après l'avoir gou-
vernée pendant long-tems,
s'étant apperçû du defordre
que la trop grande liberté
caufoit parmi le Peuple ; &
voulant abaiffer la ridicule préfomption de fes Cy-
toyens, qui avoient pouffé
fi loin l'arrogance & l'ambition, qu'ils s'eftimoient
au-deffus des Rois, voulut
entreprendre de réduire cette République au Pouvoir
Monarchique : ce projet fage & prudent, qui auroit dû
être approuvé d'un Peuple
qui lui devoit tout, & à qui
il étoit glorieux de fe donner un Maître qui s'étoit
montré par tant de Victoi-

res digne de commander, fut la cause de sa perte & de sa mort ; le libertinage fit taire la reconnoissance, & ils aimerent mieux sacrifier leur honneur & leur gloire, que leur chimerique liberté.

Ce Grand Homme jadis adoré des Romains, devient aujourd'hui l'opprobre de ce Peuple : Ce n'est plus ce grand Heros qui forçoit la Victoire de le suivre par tout, qui enchaînoit les cœurs par ses liberalités & par sa douceur ; c'est un Usurpateur, c'est un cruel Tyran.

Après cet exemple si connu, doit-on s'arrêter aux

opinions & aux jugemens du Peuple. Les Siciliens ont fait paſſer Phalaris pour le plus grand Tyran de ſon tems, devons-nous l'en croire moins grand Capitaine, & moins capable de regner ? ſes Vertus & ſes grandes Actions doivent prévaloir ſur l'injuſte & l'indigne prévention de ces Peuples qui ne ſe ſont jamais plaints que de ſa trop grande exactitude à punir le crime, & qui ont oublié ſes liberalités, & le ſoin qu'il avoit d'élever la Vertu, & de proteger l'innocence.

Le Taureau d'airain a ſoulevé toute la Sicile & tous

les anciens contre lui.

Il est vrai que c'étoit un supplice extraordinaire; mais aussi ceux qui étoient condamnés à y être enfermés étoient noircis de crimes détestables , qui faisoient horreur à toute la nature. Voilà donc ce qui l'a rendu si cruel.

Qu'ils examinent sans passion, toutes les autres actions de sa vie; qu'ils comptent, s'ils le peuvent , toutes ses Victoires; qu'ils n'oublient pas tout ce qu'il a fait pour leur agrandissement; qu'ils vantent son amour pour les Belles Lettres, & son attention pour récompenser les

Sçavans & ceux qui excel-
loient dans chaque Art :
qu'ils parcourent attentive-
ment ſes Epîtres , remplies
des ſentimens les plus élevés , & de la Morale la plus
épurée, ils trouveront qu'il
avoit toutes les qualités qui
font un grand Prince.

D'ailleurs, convient-il à
des Sujets de cenſurer la conduite de leur Souverain ? ils
doivent ſe ſoûmettre aveu-
glément à ſes Loix, puiſque
ſouvent ce qui leur paroît
deſavantageux & contraire
à leurs interêts, en eſt le plus
ſolide appui.

Leur témerité les porte
à oſer vouloir qu'un Prince
leur

leur rapporte toutes ſes actions ; s'il n'eſt bon à l'excès
& clément ſans reſerve, ils
ont l'impudence de mur-
murer.

Il eſt vrai que la clemence eſt une Vertu eſſentielle
pour un Monarque ; mais
il faut qu'elle ſoit reglée par
la Juſtice, & non par la foibleſſe ; ſinon, elle ne ſert
qu'à affoiblir ſon autorité &
ſa puiſſance. Ne regardons
plus Phalaris comme un Tyran, avoüons que ſon exactitude étoit trop outrée, &
qu'il faiſoit punir le crime
avec trop de ſeverité ; mais
rendons en même tems juſ-
tice à ſa Vertu.

c

J'espere que ses Lettres feront plaisir aux Sçavans & aux gens de bon goût ; & pour en donner une juste idée, j'ai crû qu'il étoit à propos d'y joindre un Abregé de sa Vie, afin de préparer le Lecteur, & l'exciter à lire avec plus d'attention ses Epîtres, où il trouvera toute la politesse du langage, toute la délicatesse de la Politique, & toute la beauté d'une Morale naturelle.

HISTOIRE

HISTOIRE

DE PHALARIS

ROI D'AGRIGENTE

EN SICILE.

Eux qui établissent pour principe certain, que l'on doit juger des hommes par leurs actions, peuvent se tromper ; l'Histoire nous en fournit un exemple fameux dans la personne de Phalaris ; toute l'Antiquité l'a regardé comme le plus grand Tyran de son siecle, neanmoins il peut passer pour le plus sage & le plus grand

A

Politique de la Grece. Il eſt vrai
que pour ſe maintenir dans une
Principauté que le ſuffrage du
Peuple, & ſon ambition lui ac-
quirent, il fut contraint de ſe
ſervir d'une autorité abſoluë, &
même des ſupplices les plus affreux pour punir les conſpirateurs de ſa vie.

Ce grand Homme a eu le
malheur de ne trouver que des
Cenſeurs de ſes vices ; perſonne
n'a fait l'Eloge de ſes Vertus ;
& il ſeroit enſeveli dans l'obſcurité comme bien d'autres, ſi
je n'avois reconnu en parcou-
rant ſes Lettres, qu'il ſçavoit
joindre à une valeur, & une
grandeur d'Ame Heroïque la
Morale la plus épurée.

Jamais Prince ne s'eſt mieux
connu lui-même, & n'a pouſſé
ſes ſentimens à un plus haut degré d'élevation ; il répand dans
ſes Epîtres les plus familieres,

une nobleſſe d'expreſſion, & une
pureté d'eſprit qui fait comprendre qu'il ne cherchoit qu'à s'é-
lever au-deſſus de lui-même :
il paroît que ſon genie ſuperieur
ne pouvoit ſupporter la baſſeſſe
& l'obſcurité du Paganiſme ; ſon
Ame plus élevée reconnoiſſoit
un Etre ſuperieur , & ce n'é-
toit qu'avec contrainte qu'il ſe
voyoit réduit à ſacrifier aux
Dieux.

La veritable Vertu, & la bonne foi ſont les ſeuls caraſteres
de Religion qu'il ſe propoſe :
Enfin, la dignité de l'homme
& ſa création lui font faire des
reflexions qui n'ont jamais été
faites par le Philoſophe le plus
ſage.

Comme ce n'eſt point ici ſon
Eloge que je prétens faire, &
que je n'ai d'autre but que celui
de juſtifier ſa Domination par
ſa Domination même, j'ai crû

qu'il étoit à propos, avant que
de produire ſes Lettres au Public, de donner un Abregé de
l'Hiſtoire de ſa Vie.

HISTOIRE.

PHALARIS prit naiſſance
en *Aſtypalée*, laquelle fut
nommée ainſi, parce qu'Apol-
lon y étoit honoré, (*Nabucho-*
donoſor regnoit lors en Aſſirie) Leſ-
damente ſon pere, fort eſtimé
parmi les Grecs, tant par le
rang qu'il tenoit parmi eux, que
par ſa Vertu, ne negligea rien
pour donner une éducation con-
venable à Phalaris ſon fils ; les
diſpoſitions naturelles que ce fils
eut avec avantage dès ſa plus
tendre jeuneſſe, ſa vivacité, & ſes
empreſſemens pour apprendre
ce qu'on lui enſeignoit, le faiſoient admirer de tous ſes Maî-

tres : En effet, rien ne lui paroiſſoit difficile, ſes occupations
ne tenoient rien de l'enfance,
& les amuſemens ordinaires des
jeunes gens, commençoient dès
ce tems à lui paroître trop fri-
voles : il ſembloit même ſe ré-
volter contre ſon âge qui ne lui
permettoit que de s'appliquer à
des matieres peu ſerieuſes : Il
interrogeoit ſouvent ſes Maîtres, & leur faiſoit quelquefois
des queſtions ſi ſçavantes, que
ces venerables Philoſophes ſur-
pris, ne pouvoient s'empêcher
de dire, que ce ſeroit un jour
un des plus grands Hommes de
la Grece : Enfin, dans un âge
où les autres à peine ſçavent les
principes de la ſcience, il cherchoit déja à approfondir les mer-
veilleux ſecrets de la Nature, &
de ſa création.

Ce fut dans ce tems qu'il eut
le malheur de perdre ſon pere,

A iij

perte qui lui fut auſſi ſenſible
que s'il avoit été dans l'âge le
plus avancé. Après lui avoir
rendu les derniers devoirs, il
ne ſongea plus qu'à ſe rendre
par lui-même digne de meriter
l'eſtime que les Grecs avoient eu
pour lui : une noble émulation
jointe à une heureuſe éducation
le mirent à ſa vingtiéme année
en état d'entreprendre les plus
grandes choſes ; ſon pere ne lui
avoit laiſſé qu'un beau nom ; la
Fortune lui avoit été ſi peu favorable , qu'il falloit la forcer
par lui-même à ſe déclarer en
ſa faveur. Son ambition lui four-
niſſoit des moyens que ſa ſageſſe
éloignoit ; il ſentoit bien qu'il
étoit né pour les plus grands emplois ; il n'ignoroit pas en même tems que ce n'eſt pas tou-
jours la veritable Vertu qui
nous y conduit ; ainſi combattu
par l'ardeur naturel de s'élever,

il prit dèſlors la reſolution d'en
chercher les voyes les plus convenables : Il s'agiſſoit de faire
paroître par une conduite ſage
& reglée, qu'il avoit des ſentimens & une experience au-deſſus de ſon âge, pour pouvoir poſ-
ſeder les poſtes les plus diſtin-
gués de la République ; c'étoit
une entrepriſe des plus difficiles.

Les Grecs n'admettoient ordinairement, ſoit pour le Gouvernement du Peuple, ſoit pour
les Emplois Militaires, que dés
hommes d'une prudence con-
ſommée, & d'une experience
connuë : ainſi, Phalaris que l'in-
clination naturelle portoit à ſe
diſtinguer par les Armes, fit
connoître en vain qu'un heureux génie peut former en peu
d'années un grand homme ; il
fut obligé de commencer par les
plus petits Emplois de la Guerre ; ſa fierté ſouffrit avec peine

la trifte neceffité d'obéïr, lui
qui fe fentoit né pour commander : la raifon cependant l'emporta ; mais dès qu'il trouva
l'occafion de fe fignaler, il le fit
avec tant de valeur & de prudence, que fes Commandans ne
purent lui refufer la gloire du
triomphe.

Il reçut ces marques d'honneur, fans rien donner à l'amour
propre ; il ne fut fenfible qu'à
la fatisfaction de pouvoir être
utile au bien de la République.

Ces premiers coups d'effai le
rendirent refpectable parmi les
Troupes, & elles parurent dèslors avoir tant de confiance en
lui, que fe trouvant dans un
Château où il commandoit avec
cent hommes d'Armes ; étant
attaqué par deux cens, il foû-
tint avec tant d'intrepidité les
differents affauts de fes ennemis, qu'impatient de fe voir bor-

né seulement à se défendre, il
proposa à ses Soldats dans ces
termes à sortir du Château.

Mes amis, j'ai crû qu'il ne «
suffisoit point à des gens d'hon- «
neur de faire simplement leur «
devoir, en défendant vigou- «
reusement une Place confiée «
à leurs soins, je me suis enco- «
re imaginé que pour s'élever «
au-dessus des autres, il falloit «
se distinguer par des Actions «
extraordinaires ; que de bra- «
ves Soldats ne devoient point «
mettre de bornes à leur gloi- «
re, & que quand il s'agissoit «
de se rendre maître de la Vic- «
toire, la vie ne devoit paroî- «
tre précieuse que pour la per- «
dre en s'immortalisant : Ainsi, «
mes Compagnons, n'atten- «
dons point que la superiorité «
de nos ennemis nous force «
dans ce Château, cherchons «
à les prévenir par une sortie «

» vigoureuse, & songeons que
» nous combattons pour la Patrie.

Après ce discours, auquel ils
ne répondirent que par des cris
de joye, il sortit le premier, &
donna tête baissée, suivi de sa
Troupe, dans celle des Tauro-
nemitains. La fermeté de ce
jeune Conquerant, & l'intrepidité de ses Soldats, répandi-
rent tant de frayeur parmi ses
ennemis, que ceux qui échapperent à leur fureur, prirent
la fuite, & leur cederent le
champ de Bataille. Après avoir
rendu graces aux Dieux de
cette Victoire, il partagea le
butin à ses Soldats, & eut assez
de clemence pour envoyer ses
Chirurgiens aux Prisonniers ennemis blessés qu'il renvoya avec
de grands présens.

Cette Action particuliere lui
acquit une si grande réputation,
que dans un Combat qui se don-

na peu de tems après, le General ayant été tué, toute l'Armée le nomma pour comman-
der ; sa modestie ne voulut jamais l'accepter : mais comme il
s'agissoit de l'interêt public, &
que le Soldat animé le demandoit à grands cris, il leur dit :
Mes amis, comme vous par- «
tagez le danger, vous parta- «
gerez le Commandement ». : Et
avant que de charger une seconde fois les ennemis, il consulta
les vieux Soldats de son Armée,
& profita de leurs avis pour attaquer à propos : leur défaite
fut generale, quoiqu'ils se dé-
fendissent avec opiniâtreté, &
que même ce jeune General se
trouvât pendant un certain tems
perdu dans la mêlée ; il eut besoin de toute sa valeur pour ne
pas demeurer Prisonnier ; il se
fit jour au travers d'une foule
d'ennemis, & eut l'avantage de

tuer de sa propre main leur General, avant que de joindre les
siens ; son retour leur fut plus
agréable que la Victoire, & ils
se préparoient à lui rendre les
honneurs dûs pour une telle Bataille, ce qu'il refusa genereusement par ces paroles.

» O vous, Compagnons de
» notre Victoire, pourquoi vou-
» lez-vous m'en attribuer tout
» l'honneur ; n'est-ce point à
» votre courage que la Patrie la
» doit ? Qu'ai-je fait plus que
» vous ? je n'ai suivi que votre
» exemple ; vous m'avez choisi
» pour commander, je n'ai exe-
» cuté que vos projets ; ainsi,
» n'est-il pas juste que nous en
» partagions tous la gloire ? La
» seule grace que je vous de-
» mande, c'est de me donner
» vous-même un Memoire de
» ceux qui ont le plus merité,
» afin que par vos propres suf-

frages ils puiſſent recüeillir le «
fruit de leurs travaux. «

Toute l'Armée fut ſurpriſe
d'une réponſe auſſi ſage ; les
Soldats & les Chefs remplis d'admiration & de reconnoiſſance
pour la bonté de leur General,
firent à l'inſtant retentir tout le
Camp par des acclamations de
joye & de Victoire.

On peut propoſer aux plus
grands Hommes ce jeune Conquerant pour Modele : En effet,
il ne ſuffit pas qu'un General ait
de la prudence, de l'experience,
& de la valeur pour conduire
une Armée ; il faut encore qu'il
ait une aſſez grande connoiſſance de lui-même, pour ne pas
donner dans cet excès d'ambition, qui, ſouvent le porte à
s'attribuer le ſuccès d'une Bataille.

Il eſt vrai qu'un General y
contribuë par une bonne diſpo-

fition, & par une fage conduite; mais aufli il faut avoüer que
le Soldat eft l'ame des Actions,
que les Victoires dépendent de
fa fermeté, & qu'ainfi il eft en
droit d'en partager tout l'honneur,& d'en demander la récom-
penfe; la confiance du Soldat
ne fe gagne que par l'affabilité,
& la familiarité du General;
c'eft, pour ainfi dire, la feule
confolation qui lui refte après
avoir expofé fa vie; c'étoit auffi
par fes manieres douces & in-
finuantes que notre jeune Heros s'étoit attiré l'amour de fes
Troupes: il difoit fouvent qu'il
regardoit fes Soldats comme fes
amis; & qu'ainfi connoiffant
leur fidelité, il trouvoit que la
Victoire lui coûtoit moins cher
qu'à un autre: C'eft une Armée
formidable qu'une Armée qui
a de la confiance, & qui aime
perfonnellement fon Chef, l'a-

mitié & le respect tiennent lieu
d'honneur aux Soldats , & les
Officiers redoublent leurs soins
lorsqu'ils regardent leur Com-
mandant comme leur Maître &
leur Camarade.

Jamais Heros ne promit plus ;
la Victoire l'avoit déja suivi par
tout, le métier de la Guerre ne
lui paroissoit qu'un amusement ;
les difficultés les plus insurmon-
tables ne l'embarrassoient point ;
il sçavoit prendre son parti sur
tout ; il avoit un point de vûë
admirable ; prudent dans le projet ; il étoit vif dans l'execution , & il disoit souvent, qu'il
falloit être né Soldat pour réüs-
sir dans les Armes , comme il
falloit être né Poëte pour excel-
ler dans la Poësie.

La Fortune jalouse des grands
avantages que son merite lui
avoit acquis, trouva bien-tôt
l'occasion de le traverser dans

la Guerre que la République
entreprit contre les *Levintins*,
ce qui l'éleva dans la suite à un
plus haut rang : Phalaris fut
encore nommé par les Soldats
pour leur Chef. Ces peuples
connoiſſans la réputation de ce
General, réſolurent de ſe ſervir d'un artifice pour éviter le
même ſort que leurs Voiſins
avoient éprouvé : c'eſt pourquoi
ſe voyant preſſés & preſque hors
d'état de refuſer le Combat, ils
ſe déterminerent, ſous prétex-
te de quelques propoſitions de
Paix, d'envoyer à Phalaris des
Ambaſſadeurs ſuivis de leurs
femmes & enfans, (ce qui étoit
en uſage parmi eux.) Leur deſſein étoit d'amuſer ce General ;
ils ſe flattoient que, dans un âge
où les ſens ſont les maîtres abſo-
lus, la vûë de la plus belle femme qu'il y eût parmi eux, pourroit toucher notre Heros, & lui
faire

faire oublier sa gloire. Il est vrai
que *Cornelie*, c'étoit le nom de
la femme de Polinestor, un des
Députés, étoit si accomplie, que
Caton même auroit eu peine à
resister à ses charmes. Phalaris
sentit en la voyant, de ces émo-
tions si naturelles à l'homme;
mais sa raison n'en prit aucun
ombrage : La gloire s'étoit jusqu'alors renduë la maîtresse absoluë de son cœur ; toute autre
passion lui auroit paru indigne
de lui : en effet, que peut inspirer un Camp, une Armée, que
des sentimens de fureur, & que
le carnage & le sang ? Ce fut
neanmoins dans les Champs de
Mars, où notre Heros se laissa
séduire sans s'en appercevoir,
par les attraits de la belle Cornelie. D'abord il rejetta fierement les propositions de ces Députés ; ils sembloient même dis-
posés à s'en retourner avec le

desespoir de n'avoir point réüssi
dans leurs negotiations ; ils pen-
soient avec chagrin , & neanmoins avec admiration, que ce
grand Capitaine n'étoit sensible
qu'à la Victoire , lorsque cette
même Fortune qui vouloit l'ab-
baisser, suscita une autre Cleopa-
tre. En effet, Cornelie paroissant
les yeux baignés de pleurs , &
aux genoux de notre General.
Dieux ! quels combats il eut à
soûtenir ! d'un côté la gloire lui
reprochoit les momens qu'il perdoit ; il sentoit bien que ces ir-
resolutions donnoient le tems à
ses ennemis de prendre leur parti, & de s'éloigner : le gain d'une
Bataille aussi considerable que
celle qui s'offroit, réveilloit son
ambition, & ranimoit sa Vertu;
Mais d'un autre côté, pour écouter ces nobles mouvemens , il
falloit renvoyer honteusement
les Députés, & l'adorable Cor-

nelie ; l'honneur & le devoir l'auroient emporté ; mais comment soûtenir la vûë de la plus belle personne du monde dans un état de suppliante, les yeux baignez de larmes ? Notre jeune Mars ne put resister à tant de traits ; il promit à Cornelie ce qu'elle voulut ; il lui avoüa sa défaite, mais avec plus d'embarras que s'il avoit été sur le point de donner une Bataille. Ce grand Capitaine qui n'avoit pas jusqu'alors connu de danger, qui méprisoit la mort, & dont la fermeté & l'intrepidité étoient admirables, se trouve immobile & tremblant devant une simple femme. Quelle punition pour l'homme qui cherche tant à s'élever au-dessus de lui-même, d'être sujet à de telles foiblesses ! Ce fut cette passion cruelle qui fut l'écüeil de la sagesse & de la Vertu de ce Chef

si estimé de ses Soldats, & si re-
douté par ses ennemis : Les *Le-*
vintins profiterent de sa foiblesse, il feignirent de conclure la
Paix; il y eut de part & d'autre
une suspension d'Armes : Phalaris étoit tranquille dans son
Camp; la Paix lui paroissoit déja
plus aimable que la Guerre; il
joüissoit de la vûë de celle qui
devoit faire le bonheur de sa
vie; il prolongeoit les Articles
de ce Traité, & faisoit naître
des difficultés pour ne pas être
privé du seul plaisir qu'il eut au
monde : Les Soldats à l'exemple
du General, cherchoient dans
le Camp à se délasser des travaux de Mars : les plus vieux
neanmoins commençoient à
murmurer, cette Paix leur paroissoit honteuse, étans sûrs de
la Victoire : Enfin, les *Levin-*
tins informés par leurs Espions
que tout le Camp de Phalaris

étoit enseveli dans un profond
sommeil, & que le General n'é-
toit occupé que des plaisirs de
sa nouvelle passion, ils vinrent
armés fondre sur ce Camp tranquille, se saisirent des Armes,
massacrerent ceux qui voulurent se mettre en état de se défendre, firent le reste Prisonniers : peu échapperent à cette
surprise, Phalaris lui-même fut
enlevé ; on ne lui donna pas le
tems de la réflexion : Enfin la
défaite fut entiere.

Il n'est pas possible d'exprimer les regrets du malheureux
Phalaris ; il reconnut, mais trop
tard, sa foiblesse, & il eut besoin de toute sa Vertu pour soûtenir une pareille disgrace. Cet
homme, qui, quelque tems auparavant faisoit toutes les délices
du Peuple, dont la réputation
étoit si grande, que les Grecs
le plaçoient au rang des demi-

Dieux, triste joüet de l'Amour,
se trouve abandonné même
de ses plus fideles amis, & réduit à une honteuse servitude.
Ils oublierent ses Actions & sa
gloire passée, on ne se ressou-
vint plus que de sa foiblesse ; &
l'injustice du Peuple alla si loin,
que par leurs indignes suffrages,
la République le bannit comme
un criminel : Ce qui fait bien
connoître le peu de fond que
l'on doit faire sur les hommes ;
les évenemens heureux nous les
rendent favorables , le moindre revers ternit notre gloire
& nous rend odieux : ainsi, con-
cluons que c'est la seule Fortune, & non la veritable Vertu
qu'ils estiment.

La captivité de Phalaris donna une si rude atteinte à sa renommée, que les Grecs eurent
en horreur jusqu'à son nom. La
sagesse étoit si recommandable

parmi ces Peuples, qu'ils tenoient pour principe, qu'un homme vertueux étoit en état de tout entreprendre.

Notre malheureux Prisonnier avoit été tellement frappé de ce funeste changement de fortune, qu'accablé sous le poids de sa misere, il n'avoit point encore eu le tems de faire des réflexions serieuses sur le sujet de sa détention. Il ne fut pas long-tems dans cet état ; son indigne foiblesse se presenta bientôt à son imagination, mais avec des traits si cruels, qu'il ne pouvoit se la pardonner. Ces tristes pensées le révolterent contre la Nature même ; il auroit souhaité se trouver encore enseveli dans le néant. Quoi ! disoit-il, une passion si trivole & si indigne de l'homme de cœur, peut-elle l'aveugler jusqu'au point de s'oublier lui-

» même, & de perdre dans un
» moment tous les sentimens
» d'honneur & d'élevation ? Mais
» n'est-il pas juste aussi que les
» Dieux nous punissent de notre
» excès d'ambition ? rendons-
» nous justice. Ces Actions écla-
» tantes & Heroïques qui nous
» font meriter l'estime & l'ap-
» probation des hommes, ont-
» elles d'autre but que celui de
» sacrifier à l'Idole de notre a-
» mour propre ? Est-ce le bien
» public que nous recherchons
» dans une Bataille ? Non, c'est
» pour satisfaire notre propre
» gloire que nous nous donnons
» les soins de la remporter, &
» souvent notre aveuglement va
» si loin, que nous avons même
» la témérité de nous applaudir
» sur les évenemens heureux.
»   Ainsi je ne dois point me
» plaindre de l'affreuse situation
» où je me suis plongé. N'au-

rois-

rois-je pas dû me connoître ! «
Pourquoi entreprendre téme- «
rairement de commander les «
autres, moi qui ne sçais pas me «
rendre maître de moi-même ! «
Je reconnois, mais trop tard, «
que la fatale prévention que «
quelques succès nous ont don- «
née de nous-même, nous fait «
croire mal à propos que toutes «
nos actions sont prudentes ; «
ce qui nous fait commettre «
les plus grossieres fautes ; «
nous tombons insensiblement «
dans l'abysme le plus affreux, «
sans nous appercevoir de no- «
tre chûte. «

Ces traits severes de Morale auroient été capables de le faire tomber dans un égarement que toute sa raison n'auroit pû soû-tenir, si la constance n'étoit ve-nuë à son secours. Il étoit des-tiné à de trop grandes choses, pour en demeurer là ; ainsi,

jusques au moment que sa Fortune le voulut faire reparoître
sur le Theatre du Monde, il fit
toute son étude de la recherche
des plus anciens Philosophes,
pour pouvoir domter ses paf-
sions, & affoiblir l'ambition qui
étoit sa passion favorite : car il
sentoit bien que s'il avoit suivi son
penchant, le vice auroit eu pour
lui plus d'agrément que la Vertu;
& c'est cette dépravation naturelle qui le forçoit à combattre
si souvent contre lui-même. Il
demeura deux ans dans cette
triste situation, lorsque le sort
qui vouloit encore l'exposer à
d'autres revers, l'en fit sortir par
une occasion affez particuliere.

Les Levintins ayant perdu leur
Ceneral, & ne trouvant point
parmi eux personne capable de
remplir sa place, résolurent
de nommer Phalaris pour leur
Chef : deux des plus venerables

furent proposés pour lui en porter la nouvelle ; dans le tems
qu'ils entroient dans son Appartement, il étoit occupé à faire
des réflexions sur les differens
caprices de la Fortune ; la vûë
de ces Vieillards le surprit ; il
s'imagina qu'ils venoient lui annoncer la mort, la coutume
étant parmi ces peuples de faire
mourir après un certain tems
leurs Prisonniers : La mort lui
avoit paru douce & souhaitable
au moment de sa disgrace, il
avoit même pensé que c'étoit un
terme heureux lorsqu'un homme d'un certain nom avoit flétri
sa gloire ; mais les longues réflexions qu'il avoit eu le tems
de faire, avoient éloigné cette
idée, & la Nature pour lors se
trouva seule la maîtresse ; en
sorte que ce grand Homme,
que rien n'avoit pû ébranler,
sentit dans cet instant toutes les

horreurs d'une deſtruction prochaine : Ces Députés le voyant
embarraſſé, après lui avoir fait
les civilités convenables au poſte
qu'ils alloient lui annoncer, l'un
d'entre eux prit la parole, &
lui dit :

Les Levintins inſtruits par la
Renommée, avoient crû ne pouvoir vous donner des marques
plus ſenſibles du reſpect & de la
crainte que cette haute réputation leur avoit inſpirée, qu'en ſe
ſervant de l'artifice & des ruſes
de Guerre pour vous dérober la
Victoire ; ils ne font pas moins
de cas de votre Vertu, quoiqu'elle ait été en apparence obſ-
curcie par la ſervitude, où la
foibleſſe ſi naturelle à l'homme
vous a réduit.

Les plus grands Heros ont
été contraints de ſacrifier à l'A-
mour, ils n'en ſont pas moins
illuſtres dans l'Hiſtoire : car

puisque les Dieux mêmes n'ont pû resister à cette passion dominante, doit-on regarder comme un crime un penchant naturel que les Maîtres du Monde autorisent par leurs exemples ? ainsi, nous esperons que vous ne refuserez point le Commandement des Armées que nous venons vous offrir ; nous sçavons que votre délicatesse auroit peine à souffrir une pareille proposition, si en même-tems nous n'étions informés de l'injustice des Siciliens.

Phalaris eut peine à croire ce qu'il venoit d'entendre ; lui qui s'étoit déja disposé à souffrir une mort honteuse, se voit dans le même instant élevé au plus haut degré d'honneur ; ce changement démonta tout son raisonnement, & après y avoir rêvé quelque tems, il leur répondit : Qu'il estimoit trop les Levintins

pour leur donner un Genera!
qui n'avoit point eu affez de
Vertu pour fe furmonter lui-même; qu'il étoit vrai qu'il s'étoit
acquis quelque gloire, mais qu'il
la devoit au hazard , & que la
preuve la plus forte étoit fa foibleffe, & l'état où il fe trouvoit;
qu'ainfi il leur confeilloit de
choifir pour le Commandement
un homme d'une experience &
d'un âge affez avancé pour ne
point tomber dans les pieges où
la force du temperament & la
vivacité des fens entraînent ordinairement ; que pour lui il
avoit réfolu de s'impofer une
peine conforme à fa faute, &
que la punition qu'il avoit choi-
fie, étoit une vie obfcure & privée pour pouvoir faire tête à
fon ambition. Ces Vieillards
furpris de ces fentimens pleins
de fageffe, redoublerent leurs
empreffemens , en lui faifant

connoître, que, qui étoit capable de se former des impressions d'une si haute Vertu, devoit prendre les rênes du Gouvernement; que toute la République le souhaitoit avec ardeur, & qu'il se devoit plus au Peuple qu'à lui-même : Ces discours flatteurs & séduisans ne purent pas encore l'ébranler, & il refusa genereusement ce qui devoit tant flatter son amour propre.

Les Députés s'en retournerent & rendirent compte à la République de sa réponse : elle ne fit qu'augmenter & relever l'idée qu'ils avoient de sa Vertu ; & le Senat assemblé, tout d'une commune voix opinerent qu'il étoit seul digne de les commander.

Il est aisé de penser l'effet que produisirent ces avantageuses propositions dans l'esprit de Pha-

laris ; son ambition que l'infor-
tune sembloit avoir éteint , se
ralluma ; sa fierté naturelle
l'emporta sur toutes ses réflexions ; & admirant la bizarerie
de sa destinée , il oublia & sa
captivité , & la cause même ,
pour ne plus penser qu'à sa nouvelle élevation. Il comprenoit
bien que le refus qu'il avoit fait
d'un poste qu'il souhaitoit avec
tant d'ardeur, ne serviroit qu'à
augmenter les empressemens des
Levintins : En effet ils le prierent une seconde fois de prendre le Timon des Affaires, & il
ne put pas se dispenser de l'accepter.

Il seroit difficile d'exprimer
ici la joye que cette nouvelle répandit parmi ces Peuples, tout
retentissoit du nom de Phalaris,
tous les Poëtes chantoient ses
loüanges : la Populace par des
acclamations & des cris de joye

marquoit la satisfaction qu'ils
avoient de l'avoir pour Chef;
ils le porterent en Triomphe
dans leur Ville Capitale, & le
nommerent leur Dieu Tutelai-
re, & le Protecteur de la Patrie.

Ce Triomphe nouveau, &
ces excès d'honneur pourroient
étonner ceux qui ne connoif-
fent point le caractere du Peuple; mais peu de gens ignorent
que la nouveauté a tant de charmes pour lui, qu'il facrifie tout
à cette Idole.

Phalaris ne pouvoit pas trouver une plus belle occafion de fe
vanger du mauvais traitement
que les Siciliens lui avoient fait
après fa défaite; il s'informa de
ce qui fe paffoit parmi eux depuis fon abfence, du nom & du
merite de leur nouveau Chef:
Après qu'il eut fçû par des Ef-
pions fidels l'état des Troupes
des ennemis, & leur nombre,

il fit la revuë de son Armée, &
résolut de les prévenir par une
marche qu'il leur déroba. En
effet, les deux Armées parurent
en présence ; un grand ruisseau
couvroit celle des ennemis , &
il étoit fort difficile, n'étant pas
gayable, d'y construire des ponts
à la vuë de leur Armée : Mais
comme Phalaris vouloit faire
connoître à sa Patrie qu'il étoit
toûjours le même , il assembla
le Conseil de Guerre ; & tous
les avis étant qu'il falloit attaquer, il harangua ses Soldats ;
& comme il disposoit son Armée à passer ce ruisseau, le General des ennemis qui n'avoit
pas moins d'émulation pour la
gloire que lui, faisoit déja jetter
des ponts pour aller l'attaquer ;
il étoit impossible que le Combat ne fût pas des plus opiniâ-
tres : Ces deux Armées brûlant
d'en venir aux mains, ils sem-

bloient se disputer l'honneur
d'attaquer les premiers, & ils se
mêlerent avec tant de fureur,
que jamais il ne s'est vû un si
grand carnage, la Victoire fut
presque toûjours incertaine ;
comme ils combattoient tous
avec une égale valeur, elle ne
se déclaroit pour aucun, & les
deux Partis furent contraints,
pour rallentir leur ardeur opi-
niâtre & cruelle, de faire une
cessation d'Armes : Nos deux
Generaux également desespe-
rés de ce que la Fortune n'avoit
point favorisé ni l'un, ni l'autre,
se proposerent mutuellement de
vuider entr'eux la querelle publique ; il faisoit beau voir ces
deux Lions s'avancer fierement
l'un vers l'autre, & commencer un Combat qui n'auroit fini
qu'avec leurs vies, si les Soldats
de chaque parti fâchés de voir
ces deux Heros si acharnés à se

perdre, ne les avoient féparés;
la nuit qui furvint à propos obligea les deux Armées à fe retirer,
mais avec la réfolution de recom-
mencer le Combat à la pointe du
jour ; pendant la nuit une troupe de Corbeaux vint fondre fur
le Camp des ennemis, & l'un
d'eux fit tomber de fon bec fur
la tête du General une fléche à
moitié brifée ; d'abord les vieux
Capitaines & les vieux Soldats
interpreterent cette avanture,
& dirent : que c'étoit un préfage
certain de la perte de la Bataille. Ce Prodige fe répandit dans
le Camp, & caufa une confter-
nation generale : Il fe tint dans
le même tems un grand Confeil,
où la commune opinion fut qu'il
falloit fe retirer, la nuit favori-
fant la retraite ; pour Phalaris,
il n'étoit occupé que de l'empreffement de revoir le jour,
afin de forcer par des Actions

extraordinaires le fort à se déclarer pour lui. L'Aurore pa-
roiſſant, ſon premier ſoin fut de
faire donner la ſepulture aux
morts, & d'ordonner de conduire les bleſſés hors du Camp;
& comme il ſe préparoit à faire
marcher ſon Armée aux ennemis, ne s'étant point encore apperçû de leur retraite, parce
qu'ils avoient eu le ſoin de mettre le feu dans leur Camp, ce
qui avoit cauſé une fumée ſi
épaiſſe, qu'on ne pouvoit rien
diſtinguer; il fut ſurpris lorſqu'un Eſpion lui rapporta que
les ennemis étoient décampés;
cette fuite inopinée, qui ne laiſ-
ſoit pas d'être pour lui une marque de Victoire, le chagrina
neanmoins; il auroit ſouhaité
devoir à ſa valeur & à l'intrepidité de ſes Troupes la gloire
d'être Maître du champ de Bataille; mais il s'agiſſoit de pren-

dre son parti, & de se faire informer des mouvemens de l'Armée ennemie, il ne fut pas long-tems sans en apprendre des nouvelles ; & cette ridicule superstition les avoit tellement éloignés, qu'ils étoient à plus de dix milles de lui.

C'étoit trop hazarder que de vouloir les suivre ; outre des marais qu'il auroit fallu passer, & la fatigue de ses Troupes, ils s'étoient postés si avantageusement, qu'il étoit presque impossible de les y aller forcer. Il fut donc contraint, pour ne point demeurer dans l'inaction, de faire marcher son Armée à petites journées d'approcher de celle des ennemis pour pouvoir les attirer ; mais ce fut en vain, ils ne sortirent point de leurs retranchemens. Il est bon de remarquer ici un trait de la grandeur d'Ame de notre Heros. Un des Soldats ennemis demanda à lui parler, ayant, disoit-il, un secret des plus importans à lui confier ; il le reçut avec sa bonté ordinaire : Ce Soldat charmé de son projet, lui dit : qu'il avoit conçû le dessein d'assassiner son General, & qu'il étoit certain de la réüssite ; il s'applaudissoit déja & en attendoit la récompense, lorsque Phalaris lui dit d'un ton severe : Malheureux ! qui t'a fait concevoir un dessein si noir & si Barbare ? apprends que ce grand Homme, quoique notre ennemi, doit être respectable par sa valeur, & que la pensée d'un tel attentat merite la mort ; & en même tems il ordonna de lui faire lier les pieds & les mains, & l'envoya dans cet état au Chef des Siciliens, en l'instruisant de son crime, pour qu'il ordonnât lui-même sa punition : mais ce

General, qui ne vouloit point lui ceder en generosité, lui donna sa grace.

La saison étant devenuë fâcheuse, les Armées furent obligées de se retirer, & Phalaris fut reçû par les Levintins avec des applaudissemens dûs à la glorieuse Campagne qu'il avoit faite.

Après qu'il eut rendu compte à la Répuplique de tout ce qui s'étoit passé, il résolut pour vaincre son penchant, de reprendre les occupations de sa solitude ; mais il n'étoit pas né pour une vie tranquille, & l'Amour s'étoit trop offensé de son retour à la Vertu, pour ne pas chercher les moyens de se vanger. L'objet dont il s'étoit servi pour séduire le cœur de notre Heros, n'étoit pas assez éloigné pour qu'il en changeât, dans le dessein de le surprendre une seconde fois,

Cornelie,

Cornelie, qui autrefois n'a-
voit cherché à le charmer que
pour contenter & l'Amour qu'-
elle avoit pour sa Patrie & sa
propre ambition, se trouve elle-
même sensible au merite person-
nel, & à la haute réputation de
Phalaris.

Elle ne l'avoit vû depuis sa détention qu'en public, & même
elle avoit pris soin de se cacher,
honteuse d'avoir été l'instru-
ment de sa perte, elle s'étoit
déja mille fois reproché la bas-
sesse de cette action, & elle auroit souhaité trouver quelques
occasions favorables pour s'en
justifier : Mais comment oser
paroître devant un homme dont
on a trompé la bonne foi ? la
chose lui avoit paru impossible,
& elle cherchoit même des amu-
semens qui pussent la détourner
de cette pensée : mais l'Amour
qui la vouloit punir elle-même,

D

s'infinua avec tant de violence
dans fon cœur, que l'abfence
de Phalaris, & fa Victoire rem-
portée augmenterent la paffion:
d'un autre côté toute fa Philo-
fophie & toute la Morale n'eurent pas affez de force pour faire oublier entierement Cor.
lie à ce General; malgré la feverité des maximes & des principes qu'il vouloit fe former,
l'idée de cette aimable perfonne
l'occupoit fans ceffe; il auroit
voulu qu'elle ne fe fût point fer-
vie d'un artifice auffi bas & auffi
indigne d'elle, c'étoit là le feul
défaut qu'il lui trouvoit, il étoit
même des momens où il cherchoit à l'excufer; & puis fe re-
voltant contre lui-même, il avoit
honte de tant de foibleffe: je
crois même que fa raifon l'auroit empêché de fuccomber, fi
le hazard ne lui avoit fourni la
fatale occafion de revoir Cor-

nelie. Comme elle avoit plus d'empreſſement que lui de pouvoir le joindre, & que c'étoit pour elle un cruel tourment d'en être ſéparée, ſon amour lui fit inventer un moyen ſûr pour y réüſſir.

Les Officiers de l'Armée avoient coûtume dans de certains jours, de venir rendre compte à Phalaris de l'état des Troupes, & dans ce tems tout le monde avoit la liberté de lui parler ; elle réſolut donc de prendre un habit de Cavalier, *afin* que ſous ce déguiſement elle eût plus de liberté, & ne fût pas ſi-tôt reconnuë.

Phalaris d'abord ne la diſtingua point de la foule ; mais bientôt après, jettant par hazard les yeux ſur elle, il ſe ſentit tout d'un coup frappé, ſans ſçavoir la cauſe de ſon émotion : cependant tous les Officiers s'é-

toient déja retirés, il ne ref-
toit plus que l'infortunée Cornelie que l'amour & la crainte
avoient renduë immobile. Phalaris n'étoit pas plus tranquille ; plus il examinoit ce faux
Cavalier, plus il reconnoiffoit
les traits de fon infidelle : Enfin il voulut s'éclaircir de ce
doute *cruel*, & lui demanda ce
qu'il fouhaitoit ; Cornelie fe jet-
ta d'abord à fes genoux, & lui
dit, en pouffant un profond fou-
pir : qu'elle venoit implorer fa
clemence, puifqu'elle meritoit
d'être immolée à fa Juftice ; qu'-
elle avoüoit que fon crime étoit
grand ; mais que fon remords
de l'avoir commis l'avoit tellement tourmentée, qu'elle n'a-
voit pû refifter à l'empreffement
de s'entendre condamner par
lui-même.

La pofture humiliante de Cornelie, & l'aveu de fon crime em-

barrafferent autant le Juge que
le Criminel : l'Amour lui fit fentir que c'étoit la même qui avoit
fçû le féduire dans les troubles
d'un Camp, & qui venoit réveiller fa paffion jufques dans
fa folitude.

Les differentes penfées qui
l'agitoient furent caufe qu'il laiffa quelque tems dans la même
fituation cette belle Efclave :
Mais enfin, ces mêmes pleurs
qui jadis lui coûtèrent fa liberté,
furent encore affez puiffantes
pour diffiper toutes les fages réflexions, que fa chûte lui avoit
fait faire.

Il fe rendit à lui-même, & re-
levant cette aimable Suppliante,
il le devint à fon tour : Ce fut
dans ce moment où tout l'amour
qu'il avoit eu pour elle fe ralluma avec tant de vivacité, qu'-
oubliant même la gravité de fon
caractere, & la perfidie de cette

belle Grecque, il alloit se jetter à ses pieds, si Cornelie voulant profiter de ces heureux
instans, ne l'en eût empêché
par un effort tendre, & ne lui
eût dit pour se justifier tout ce
que l'amour lui put inspirer, &
de plus touchant, & de plus gra-
cieux : cette justification acheva sa défaite, & sa captivité qui
lui avoit paru si odieuse, lui sem-
bla pour lors si douce & si heu-
reuse, que loin de la blâmer,
& de lui reprocher son ingratitude; sa passion l'aveugla à tel
point, qu'il eut la foiblesse de
lui avoüer que de pareilles chaî-
nes devoient faire plus de plaisir que la plus grande liberté ;
que la cause en étoit si belle,
qu'il se reprochoit tous les regrets qu'il en avoit eus ; qu'il
connoissoit bien presentement
que ce n'étoit point sa prison qui
lui avoit causé tant d'inquietu-

des, que l'abfence du feul objet qui pouvoit faire fa felicité
avoit excité tous fes troubles,
& que la démarche qu'elle venoit de faire lui tenoit lieu de
tout, & qu'il vouloit doréna-
vant mettre toute fa gloire à
meriter les bontés qu'elle paroiffoit avoir pour lui.

Il eft aifé de comprendre l'effet que produifit un pareil langage ; notre Belle n'y répondit
que par des regards fi paffion-
nés, que ce filence heureux
porta tant de coups à la fois au
cœur de ce tendre Amant, qu'il
lui promit une fidelité éternelle:
Et enfin, après s'être éclaircis
entr'eux de tout ce qui s'étoit
paffé depuis leur abfence, &
que Cornelie lui eut bien affû-
ré que l'amour de la Patrie, l'o-
béïffance & le devoir avoient
fait tout fon crime, que défor-
mais elle ne vouloit mefurer fon

amour qu'à la gloire que sa valeur lui acquereroit, que c'étoit sa réputation autant que son propre merite qui l'avoient attachée à lui ; & qu'ainsi elle regarderoit l'Amant dans le Heros, & le Heros dans l'Amant, que toute son ambition seroit de ne lui point ceder en sentimens ; de sorte que l'amour, qui chez le vulgaire est ordinairement une passion sujette à mille foiblesses, deviendroit entr'eux une noble occupation, plus capable de réveiller la vertu que de l'alterer, & plus propre par sa délicatesse à exciter à la Victoire, qu'à la molesse ; car il est naturel de chercher à plaire à l'objet aimé ; & lorsque le veritable honneur & l'élevation en sont les seuls moyens, un General n'en est que plus animé, & n'en a que plus de desir de courir à la gloire.

Cés

Ces sentimens charmerent
Phalaris, il les trouva dignes de
lui ; & après lui avoir dit tout
ce que sa passion & sa politesse
naturelle lui inspirerent, ils pr-
rent des mesures ensemble pour
se voir, & pour cacher un commerce dont le secret leur étoit
si important ; & enfin, se sépa-
rèrent, en se faisant mille ser-
mens d'un amour inviolable.

Phalaris auroit été moins sensible, malgré toute son ambition
à la possession d'une Couronne, qu'il le fut à cette entrevûë ;
il n'auroit pas voulu ceder sa
Fortune pour l'Empire du monde : ce qui doit bien nous faire
connoître que le bonheur de
l'homme ne dépend que de son
imagination, & que l'objet, le
plus bas comme le plus élevé le
peut fixer lorsque ses sens se
trouvent satisfaits : Ce sont les
Maîtres absolus de l'Ame ; & les

E

Grands Hommes que l'Histoire
nous a tant vantés, ne different
de ceux qui se sont ensevelis
dans le néant, que parce qu'ils
ne s'abandonnoient à toutes les
passions, que legerement, & par
amusement, & qu'une seule les
maîtrisoit, qui est l'amour propre : il est certain que les Heros, & les Sçavans ne sont par-
venus, les uns à ce haut degré
de gloire, & les autres à cette
grande perfection apparente,
qu'en satisfaisant & s'immolant
à cette passion dominante.

Les Philosophes qui avoient
le plus combattu l'Amour & ses
emportemens, paroissent presentement à Phalaris d'une Morale
outrée, contraire à la societé,
& contre la nature même : Il a
déja sçû accorder & sa raison,
& sa passion; tout ensemble l'au-
torise à brûler de ce feu violent, & il s'est déja fait un prin-

cipe aſſûré de croire que l'A-
mour doit être inſéparable du
Heros ; ſon Ame n'eſt plus oc-
cupée que des moyens de plaire à ſa chere Cornelie : il com-
mence par ſes ajuſtemens ; &
enfin ce n'eſt plus ce Cynique,
qui ſe frondant lui-même, ne
s'appliquoit qu'à cenſurer les
autres ; les plaiſirs & les jeux,
qui autrefois lui avoient parus
indignes de l'homme , lui de-
viennent familiers : un air de
vivacité prend la place de ſa
gravité, & de ſon ſang froid ;
l'Amour ne put mieux ſe vanger qu'en faiſant une pareille
metamorphoſe.

Il ne negligea aucun moment
de voir ſa Belle ; ils joüiſſoient
de tous les agrémens qu'un commerce de cœur établi par la dé-
licateſſe des ſentimens, & par
une vivacité d'eſprit égale, peut
faire goûter. Leur étude étoit

d'épurer l'amour, & d'en cor-
riger tout le grossier : Enfin,
rien ne manquoit à leur felicité ;
tous leurs desirs étoient prévenus ; la Fortune les favorisoit ;
l'Amant étoit comblé de gloire ;
& la Maîtresse, de beauté & d'a-
grémens ; ils avoient l'avantage
de tromper un mari jaloux &
surveillant, qui en effet ne pouvoit reprocher à son Epouse,
que d'avoir trop de goût pour
le vrai mérite, puisqu'elle ne
laissoit pas de s'immoler à son
devoir.

Phalaris ne negligeoit point
pour cela les affaires publiques ;
toute la République étoit charmée, & de sa bonne conduite,
& de son experience : elle venoit même d'en recevoir des
marques dans la Paix qu'il avoit
déja faite avec les Magariens,
Paix plus avantageuse à cet Etat,
que la plus brillante Victoire :

Sa valeur avoit porté ces Peuples à implorer sa bonté : leurs Voisins cherchoient à suivre cet exemple ; la Guerre alloit finir, si Cornelie confidente de tous ses secrets, ne lui avoit conseillé de la continuer, lui faisant entendre, que ces mêmes Peuples qui l'avoient élevé aujourd'hui au plus haut rang, parce qu'ils avoient besoin de son bras, demain le regarderoient comme un homme privé & inutile, s'il cessoit de leur être necessaire, & qu'il n'y avoit que la Guerre qui pût maintenir son autorité & satisfaire son ambition.

Ces raisons parurent trop fortes à notre General pour ne pas les préferer au bien commun, en sorte qu'il fit une Harangue peu de tems après en pleine Assemblée, où il prouva avec éloquence aux Levintins, que la Paix qu'ils venoient de faire avec

les Magariens, les mettoit plus
en état que jamais de continuer
la Guerre avec le Siciliens : Les
plus fages ne furent point de
cet avis ; mais comme la fauffe
complaifance avoit entraîné les
uns, & l'interêt particulier les
autres, il fut réfolu de difpofer
tout pour fe mettre en Campagne.

V oilà le moment fatal qui va
féparer nos Amans. Que ne fe
dirent-ils point avant ce funefte
départ ? La Belle auroit fouhai-
té poffeder toûjours Phalaris, &
& cependant elle le vouloit voir
voler à la Victoire ; mais l'ambition l'emporta fur tous les
deux ; ils renouvellerent leurs
promeffes ; Cornelie le pria de
le ménager, puifque fa vie en
dépendoit; avec ces affûrances &
ces témoignages d'une conftance éternelle, nôtre Heros partit prefque certain du fuccès de

cette Campagne ; les larmes furent retranchées ; on ne les regardoit plus que comme des marques de foiblesses en usage parmi le commun des femmes.

Laissons notre Heroïne en proïe à ses grandes idées, & conduisons notre Heros à la tête d'une belle Armée disposée à bien faire, & ayant toute confiance en lui. Il occupa d'abord un poste avantageux pour mieux observer le mouvement des ennemis ; & comme il ne cherchoit qu'à se signaler, il en trouva bien-tôt l'occasion, & en auroit même profité, si la dissention ne s'étoit mise parmi ses Troupes pour le rang ; les gens du Païs vouloient faire la tête, & les Etrangers soûtenoient que ce poste leur étoit dû : Toute sa prudence & sa bonté ne furent pas capables d'appaiser les seditieux, il fut obligé de se ser-

vir de son autorité ; il eut même recours aux supplices , ce
qui diminua beaucoup le credit
qu'il avoit parmi eux ; ils mur-
muroient déja de sa severité ; la
douceur ne pouvoit plus rien
sur leurs esprits ; la violence &
la force les revoltoient , ce qui
pensa le perdre par leurs fre-
quentes désertions. Si les ennemis eussent voulu profiter de ces
révolutions , sa défaite eût été
certaine ; mais comme la mor-
talité s'étoit mise parmi eux, ils
ne se trouverent point en état
de le faire.

Cependant les Soldats & les
Officiers avoient écrit à la République contre Phalaris ; le
bon ordre qu'il avoit voulu faire succeder au desordre , fut
traité de tyrannie par ces Re-
belles : ils osoient même dire
tout haut, que cet Etranger ne
s'étoit servi d'abord de la cle-

mence & de la douceur, que
pour pouvoir dans la suite se
rendre maître du Gouvernement ; ces bruits injurieux par-
venus jusqu'à lui, l'obligerent
encore d'en punir les auteurs, &
de faire publier, que, qui doré-
navant sortiroit du Camp sans
ses ordres, seroit écorché tout
vif.

Ce genre de supplice leur parut si affreux, qu'ils conspire-
rent dèslors contre sa vie ; il se
vit réduit à se retrancher jusqu'-
aux dents pour éviter une affaire, ne se trouvant pas en état
de la soûtenir. Le jour pris pour
l'assassiner, il en fut heureuse-
ment averti par un de ceux même qui avoient été du complot,
& qui ayant horreur de cet attentat, vint genereusement le
lui découvrir. Il reçut cette nouvelle avec un sang froid digne de
lui, & loin de retenir ce Soldat,

il le renvoya avec un préfent
proportionné à l'action qu'il venoit de faire, en lui difant fierement : que la vie de Phalaris
étoit entre les mains des Dieux
qui protegeoient la Vertu , &
qui puniffoient le crime : qu'il
étoit certain que fes Confpira-
teurs ne foûtiendroient pas fa
vûë, & qu'il avoit lui feul fait
trembler tant de Peuples divers,
que des malheureux échappés à
fa vangeance n'auroient jamais
la témerité de l'aborder : Neanmoins comme il étoit de fa prudence de faire un exemple public de ces fcelerats , il redou-
bla fa garde , avec ordre au premier fignal de l'entourer.

Ces traîtres aveuglés par l'ef-
perance du butin, & par le de-
fir de la vangeance, fe mirent
en devoir d'executer leur indigne projet ; & ce General eut
l'affûrance de fe préfenter à eux.

Sa fierté & fa fermeté les démonta ; mais fa Garde impa-
tiente de fe faifir de ces té-
meraires , les enveloppa & les
defarma ; ils ne firent pas la
moindre réfiftance , tant il eft
vrai que le crime porte en foi
tant d'horreur , que les plus dé-
terminés tremblent & pâliffent
en s'y abandonnant.

Phalaris fit affembler fon Confeil de Guerre, ne voulant pas
lui-même être Juge en fa propre Caufe. Tous les Officiers
d'une commune voix les condamnerent à la mort ; il leur
accorda feulement le choix du
fupplice. On les conduifit à la
tête de l'Armée pour être jufti-
ciés : Et dans le tems que ces
malheureux n'attendoïent que
le trépas , ce grand Homme ,
qui naturellement accordoit
tout à la vangeance , fit un affez grand effort fur lui pour

leur pardonner, & se contenta
de leur dire : vous êtes assez pu-
nis par la honte & l'infamie du
supplice, & par les remords de
votre crime ; que désormais votre valeur ait de plus nobles mo-
tifs, puisque je ne voulois vous
servir que de pere ; tournez toute
votre haine contre vos ennemis
en défendant l'honneur de votre
Patrie, & montrez-vous par des
actions éclatantes, veritables Ci-
toyens ; ne respectez en moi que
le caractere, si vous ne voulez
pas estimer Phalaris. Ces graces
inesperées lui regagnerent la
confiance du Soldat, & tous dès
ce moment ne demanderent
plus qu'à combattre.

Les ennemis instruits de tout
ce qui s'étoit passé dans son
Camp, avoient enfin résolu de
tenter à le forcer dans ses retranchemens ; mais ils y trouverent tant de resistance, &

firent une perte si considerable, qu'ils furent obligés de se retirer.

Phalaris ne jugéa pas à propos de les poursuivre, ayant perdu la confiance qu'il avoit auparavant en ses Troupes ; la prudence s'opposa à la valeur, & il crut qu'il seroit plus glorieux pour lui après ce tumulte, de borner là ses conquêtes, que de faire de nouvelles entreprises. Les ennemis dont les projets avoient échoüé, craignant que ce General ne sortît de ses retranchemens, en avoient fait eux-mêmes : en sorte que ces deux Armées ne firent plus que s'escarmoucher, & finirent ainsi cette Campagne.

Cornelie, qui avoit été informée & de la sédition, & de la conspiration, étoit tombée dans de si terribles allarmes, qu'il n'y eut que la seule pré-

fence de fon Heros qui les pût
diffiper : Elle le reçut avec d'autant plus de joye, que fa perte lui
avoit paru prefque affûrée. En
effet il avoit eu tout à craindre.
La République après avoir reçû
les avis des Soldats , avoit pris
ombrage de la grande autorité
de Phalaris : La crainte de perdre fa liberté , l'avoit emporté
fur la reconnoiffance qu'elle auroit dû avoir pour fes fervices :
Et comme dans un Etat il fe
trouve toûjours des hommes jaloux de l'élevation des autres ,
la fortune de ce General lui
avoit fufcité des ennemis fecrets
qui cherchoient à empoifonner
fes actions , & à infinuer dans
l'efprit des Peuples , que cet
Etranger étoit d'une ambition
fi démefurée, qu'il pourroit bien
dans la fuite ufurper le Gouvernement.

Les Levintins commençoient

déja à se lasser de leur nouveau
Chef, les uns par le goût de la
nouveauté, & les autres accoûtumés à une vie licentieuse, ne
pouvoient souffrir sa severité.
L'orage se préparoit, & peut-
être que sans Cornelie il n'auroit point échappé au naufra-
ge : mais cette Amante atten-
tive à tout ce qui interessoit son
Amant, sçut bien-tôt les brigues
qui se formoient contre lui.

Sa perte étoit jurée, & il n'é-
toit pas difficile à un peuple mu-
tin & changeant, d'en faire naître des causes : La plus forte,
quoique supposée, étoit la trop
grande rigueur, & la cruauté
avec laquelle il avoit puni les
Soldats. La seconde, étoit la
grande dissipation d'argent qu'il
avoit faite. Ces deux chefs d'ac-
cusations n'étoient fondés que
sur leur fausse prévention : Car
à l'égard du premier, un Gene-

ral ne sçauroit trop imposer aux Troupes, & leur faire observer avec trop d'exactitude la Discipline Militaire : Pour le second, jamais homme n'a été moins capable de concussion ; il ne connoissoit point le prix des richesses, & l'usage ne lui en paroissoit agreable, que parce qu'il faut soûtenir son rang, & les répandre liberalement quand il s'agit du service de l'Etat.

Phalaris remarqua bien le changement du Peuple, il chercha dès ce moment les moyens de le prévenir : il consulta sur ce sujet celle qui pouvoit seule l'attacher dans ce Païs ; ce qui les embarrassoit, c'étoit qu'il falloit que Cornelie prît le parti d'abandonner sa Famille & son Epoux, pour suivre le sort d'un homme qu'elle aimoit plus qu'elle-même.

Le devoir & la Vertu étoient bien

bien contraires à ces projets, leur commune délicatesse s'y opposoit ; & neanmoins comment faire pour se séparer si cruellement ? mais le sort qui s'étoit appliqué à tourmenter plus Phalaris qu'un autre, ne se contentoit pas de le troubler dans ses projets d'élevation ; il vouloit encore défunir deux cœurs que l'amour avoit pris plaisir de faire naître l'un pour l'autre.

Après s'être dit tout ce qu'en pareille occasion deux personnes qui s'aiment tendrement peuvent se dire, la prudence & le soin de la réputation l'emporterent, & Phalaris jugea à propos de chercher à se justifier, & d'essuyer plûtôt l'orage prêt à tomber, que de s'exposer à un éloignement plus cruel que la mort.

Les choses en cet état, Phalaris fit convoquer l'Aſſemblée ; & pour que l'on ne prît aucun ſoupçon de lui, il y alla ſans Gardes, ce qui ne lui étoit point encore arrivé : cette confiance déſarma les plus revoltés ; & quand ils furent tous aſſemblés, il leur parla en ces termes :

J'ai appris que les Troupes s'étoient plaintes de ma trop grande exactitude ; je m'étois imaginé, ô Levintins ! qu'un bon General ne pouvoit apporter trop de ſoin pour contenir le Soldat dans ſon devoir ; il faut les châtier de leur trop grande licence, & récompenſer avec diſcernement leur valeur : j'ai fait l'un & l'autre, voilà mon crime. Je ne vous dirai point qu'ils ont eu la témerité d'attenter à ma propre vie, ni que l'ayant découvert je leur ai fait grace, cela ne regardant point le bien commun.

Je ne vous ai fait ici aſſembler que pour vous faire connoître que la ſeule Vertu a toûjours été le principe de mes
actions, & la fin : Vous m'avez
retiré de la ſolitude où j'avois
appris à mépriſer les Grandeurs
& les vains applaudiſſemens des
hommes ; vos empreſſemens
m'en ont arraché : mais comme
je n'ai pas encore perdu le ſou-
venir des douceurs que la vie
privée entraîne après elle , je
vous demande la liberté de rentrer dans mon deſert, après vous
avoir rendu compte de tout ce
que j'ai fait pendant mon Gouvernement ; la ſimplicité me
tiendra lieu de tout ; mon état
ne fera point d'envieux ; ma
conduite ne rendra point de mécontens, & j'aurai eu du moins
la ſatisfaction d'abandonner ſans
regret de vains Titres dont les
apparences nous ſéduiſent, mais

qui dans le fonds ne font qu'une
fumée que le moindre vent dif-
fipe.

Tout le Peuple avoit gardé
un profond filence ; ils fe regardoient les uns les autres, furpris de la fermeté de ce General : Et enfin, les plus refpecta-
bles d'entr'eux prirent la parole, & dirent : Qu'ils fçavoient
trop bien mefurer la reconnoiffance aux fervices qu'on leur
avoit rendus, & qu'ils connoif-
foient trop bien & fon intrepidité , & fa grandeur d'Ame,
pour pouvoir défapprouver fa
conduite : que s'il leur pouvoit
paroître fufpect en quelque cho-
fe, ce ne feroit que parce que
le trouvant digne d'une Couronne , l'ambition lui pourroit
bien faire concevoir le deffein
de la poffeder, & que la liberté leur étoit fi précieufe , que
leur vie l'étoit bien moins.

Phalaris n'eut point de peine à les raſſûrer ſur ce point : c'étoit moins l'ardeur de regner qui l'occupoit, que le plaiſir de poſſeder ſa chere Cornelie : ainſi, il leur prouva avec éloquence, qu'il ſe regardoit comme un ſimple Citoyen, qu'il n'avoit accepté le Gouvernement que pour les maintenir dans cette même liberté qu'il regardoit comme le ſouverain bien de l'homme.

Ce diſcours le rétablit mieux que jamais dans l'eſprit de ces Peuples ; la démarche qu'il venoit de faire marquoit aſſez l'empreſſement qu'il avoit de ménager leur bienveillance ; ce qui produiſit deux effets bien differens. L'un, fut que ceux qui ſans interêt particulier s'étoient laiſſés entraîner par la foule, devinrent ſes plus fideles partiſans ; & l'autre impoſa ſilence aux envieux de ſon bonheur. La feule Cornelie profita de ce racommodement ; c'étoit une preuve affez forte de la paf-fion de fon Amant, puifqu'il lui facrifioit fa fierté naturelle & fon ambition : car il eft certain que pour tout autre fujet il ne fe feroit jamais abbaiffé jufqu'au point de prévenir fes ennemis.

Mais rien ne paroît impoffi-ble à ce Souverain de nos cœurs, & ce qui hors de fon Empire fembleroit deshonorer, devient un fujet de gloire lorfqu'il s'agit de le fervir.

Après ce calme heureux nos Amans ne fongeoient plus qu'à donner de nouvelles forces à leur paffion, en l'entretenant par les defirs & par la connoiffance qu'ils avoient tous les jours en-tr'eux d'un nouveau mérite ; mais leur bonheur étoit trop grand, ils ne goûtoient que les douceurs, fans effuyer les peines.

Le Soleil se levoit serain pour
eux, tout favorisoit leurs desirs ; les Dieux mêmes dispen-
sateurs de la felicité, ne joüis-
soient point des mêmes avantages. Mais qu'ils vont payer cher
ces doux momens ! une tempê-
te affreuse va succeder à ce
grand calme ; & la Fortune qui
jadis s'étoit servie de la Femme
pour perdre Phalaris, va se servir aujourd'hui de l'Epoux pour
les accabler tous deux.

Polinestor jaloux, à la fureur,
de Cornelie, commençoit à s'appercevoir que l'indifference de
son Epouse ne provenoit que
d'un autre engagement ; cependant l'idée qu'il avoit de sa Vertu le rassûra pendant quelque
tems : mais comme sur la fin sa
nouvelle passion l'avoit porté à
un tel excès de délicatesse, qu'elle refusoit au devoir & à la raison
les droits legitimes, & naturels.

Cette maniere de vivre cauſa de furieux ſoupçons à notre Argus, il en devint plus ſurveillant : & enfin, après une longue recherche, il examina ſa femme de ſi près, & poſta tant d'eſpions pour découvrir ſa marche, qu'enfin ſa jalouſie & la peſidie d'un Domeſtique de Phalaris le conduiſirent au rendez-vous.

Phalaris, pour avoir plus de liberté d'entretenir ſa belle Cornélie, avoit acheté à deux mille de la Ville un lieu de plaiſance, où l'Art & la Nature ſembloient par émulation s'être ſurpaſſés. Ce fut dans ce lieu champêtre & ſolitaire où nos deux Amans furent découverts par Polineſtor ; un Domeſtique de Phalaris qu'il avoit gagné par préſent, le conduiſit dans ce ſéjour où la préſence du mari n'étoit nullement neceſſaire.

Nos

Nos tranquiles Amans goûtoient les plaisirs d'une table délicatement servie, lorsque cet Epoux écumant de rage, entra brusquement un Poignard à la main, & en frappa la malheureuse Cornelie avant que Phalaris eût pû se mettre en état de la défendre : Elle fut si surprise du coup & de la présence de son mari, qu'elle tomba évanoüie, & sans sentiment. L'action de ce furieux anima tellement notre infortuné Amant, que sans penser que c'étoit un mari qui se vangeoit de l'infidelité prétenduë de sa femme, il l'attaqua comme un assassin & son plus cruel ennemi. Ils commencerent entr'eux un combat si sanglant, que Polinestor, quoique transporté de rage & de colere, ne put soûtenir les terribles efforts de Phalaris, & reçut deux coups qui lui coûterent la vie.

G

Cette tragique Scene s’étoit passée dans un lieu si reculé de la maison, qu’aucun Domestique ne s’en apperçut, Phalaris ayant coûtume d’y rester seul.

Ce fut un cruel spectacle pour lui que de voir le mari mort & l’Epouse expirante. Son premier soin fut de songer à lui racheter la vie, il negligea celui de cacher cet horrible attentat, il appella à son secours, & imposant le secret à ses domestiques, il fit transporter Cornelie dans un autre lieu. Le combat qu’il venoit d’avoir avec l’Epoux de cette infortunée lui avoit causé plus d’allarmes que sa blessure ; mais elle n’avoit point encore senti toute la violence de son mal : l’image affreux de tout ce qui venoit de se passer se presenta à ses yeux, l’horreur qu’elle en conçut lui causa un transport si violent, qu’elle perdit enco-

re ôute connoiſſance. Notre
Amant déſeſperé ſe tourmentoit
pour la ſoulager ; il promettoit
aux Chirurgiens tout ce qu'il
poſſedoit, s'ils pouvoient lui con-
ſerver la vie. Jamais trouble n'a
été plus grand.

Avant ce dernier accident,
Cornelie avoit été ſi agitée,
qu'elle ne l'avoit point reconnu :
il conſultoit à chaque inſtant les
Medecins ; il obſervoit leur vi-
ſage ; tout le faiſoit pâlir : Enfin, il auroit ſuccombé à ces
mortelles inquiétudes, ſi un de
ces Chirurgiens ayant fait reſ-
pirer à notre Belle mourante je
ne ſçai qu'elle eſſence, elle n'é-
toit revenuë de ſa letargie. Phalaris l'embraſſa tout tranſporté
de joye : Le premier objet qui
ſe préſenta à elle, au retour de
cet évanoüiſſement fut ce malheureux Amant, elle pouſſa un
profond ſoupir ; & le regardant

languiſſamment, elle lui fit ſigne
de faire retirer tout le monde Il
donna cet ordre, après s'être bien
informé de l'état de la playe ;
& lorſque les Chirurgiens l'eurent aſſûré qu'elle n'étoit point
dangereuſe , mais qu'il lui falloit du repos : il rentra , & ſe
jettant aux genoux de ſa Maî-
treſſe, il les arroſa de ſes larmes ;
elle le fit relever , & comme ſi
elle ſortoit d'un profond ſommeil, elle lui demanda ce qu'é-
toit devenu ſon perfide Epoux :
comme il balançoit à lui répondre ; c'en eſt donc fait, lui dit-
elle, il eſt mort ; & il faut, cruel,
que ce ſoit par vos mains ; il
voulut lui cacher, mais en vain,
l'incertitude où il l'auroit miſe
étoit trop dangereuſe dans l'é-
tat où elle étoit ; il fallut lui
avoüer, que n'ayant pû ſoûtenir l'action de ce Barbare, l'a-
mour l'avoit emportéſur la pru-

dence & la raison ; que d'ailleurs ce furieux l'avoit contraint
de se défendre, que le sort des
Armes en avoit décidé. Ha !
s'écria-t-elle, les yeux baignés
de pleurs, il est donc mort ?
malheureuse que je suis ; faut-
il que je trouve son assassin dans
mon Amant ? Ha ! funeste pensée ; puis-je survivre à cette disgrace ? Pourquoi la cruelle mort
n'est-elle point venuë à mon secours ? ou pourquoi trop malheureux Amant ne m'arrachez-
vous pas une vie, qui ne me peut
être qu'odieuse ? Ces funestes
pensées lui penserent coûter la
vie : Phalaris lui dit tout ce qu'il
crut de plus capable & de se justifier , & de la consoler ; mais
rien ne la put gagner. Non,
s'écria-t-elle hors d'elle-même, tendresse, & vous funeste
Amour, vous ne l'emporterez
point sur le devoir ! Oüi, je vous

regarde dès ce moment, Phalaris, comme mon plus cruel ennemi ; je plains votre fort & le
mien ; mais il y va de ma gloire, il faut que je vange la mort
de mon mari ; vous en êtes l'af-
faffin, & je me croirois indigne
de vous , fi j'avois la foibleffe
de vous pardonner ce meurtre.

Il eft vrai que fi je ne con-
fultois que mes fens, fa barba-
rie me confoleroit de fa perte ;
mais la vangeance eft une baf-
feffe ; l'Honneur veut que j'im-
mole mon Amant à fes Mânes,
j'en mourrai ; mais du moins ma
mort fera le triomphe de ma
Vertu.

Phalaris ne voulut point fe
défendre davantage, il lui laiffa
le tems de donner un libre cours
à fa douleur ; il admiroit l'élevation & la grandeur d'Ame de
cette femme Illuftre ; Ces fentimens ne faifoient qu'augmen-

ter fa paſſion ; il étoit plus occupé du rétabliſſement de ſa
ſanté, qu'il n'étoit allarmé de
ſes grands projets ; il attendoit
tout du tems & de ſa tendreſſe.
Comme il faiſoit ces réflexions,
un doux ſommeil ſucceda au
trouble mortel de Cornelie ;
notre Amant en fut charmé ;
il eut le loiſir de s'abandonner
aux plus triſtes penſées ; il com-
prit d'abord que ſa perte étoit
certaine, & qu'un ſecret confié
à des Domeſtiques, ne pouvoit
être long-tems caché : d'un autre côté la bleſſure de ſa Maî-
treſſe l'inquiétoit ; ſes reſſenti-
mens le troubloient ; tout étoit
à craindre pour lui ; ſa mort
devoit cauſer la ſienne ; ſon indifference, ou ſon inimitié auroient produit le même effet :
il devoit tout apprehender du
Peuple. Ce combat étant connu, il perdoit ſa réputation ; il

G iiij

étoit expofé à fouffrir la mort la plus ignominieufe : Mais helas ! quel parti prendre ? ce n'eftpoint le trépas qui lui fait horreur ; fa fituation le lui fait regarder comme un terme heureux ; la honte & l'ignominie du fupplice, la perte de fa gloire & de fa chere Cornelie le faififfent d'effroi ; fa premiere Vertu fe réveille ; elle lui fait fentir toute fa foibleffe, & il a befoin dans ces funeftes momens de fon fecours pour fe dérober au défefpoir : Mille funeftes deffeins s'emparent de fon Ame, la vie lui paroît un fupplice ; & enfin, tous ces fâcheux projets ne s'évanoüiffent qu'au réveil de l'objet de tous fes malheurs. Il oublie tout dèflors pour ne s'appliquer qu'à la foulager, & à lui raffürer l'efprit ; le repos dont elle vient de joüir, ne la va que rendre plus vive fur fes malheurs ; la préfence de Phalaris la gêne ; elle essuye un si rude combat entre l'Amour & la Gloire, que toute sa constance n'y peut suffire ; elle sent bien que quelques efforts qu'elle fasse, elle ne peut le haïr, un silence affreux est le seul parti qu'elle puisse prendre.

Phalaris croyant entrevoir plus de calme, se jette encore à ses pieds, & la regardant d'un air tendre, il lui dit : qu'il est vrai qu'il est criminel, mais que l'Amour a fait son crime : que neanmoins il est prêt de l'expier ; qu'elle dispose du suppliplice ; que son sang ne demande qu'à se répandre, & qu'il est de sa gloire de le verser ; trop heureux en expirant de recevoir le coup de sa propre main.

Pcursui, cruel, lui dit-elle en l'interrompant ; ne te contente pas d'avoir poignardé le mari, perce encore de mille coups la femme, Barbare que tu es, qu'oses-tu me propoſer? Non, non, ma main eſt trop foible pour me vanger, une autre plus puiſſante doit te porter les coups. Mais que dis-je, malheureuſe, dois-je m'armer contre d'autre que moi-même ! ne ſuis-je pas ſeule la cauſe funeſte de cette ſanglante Tragedie ? Hé bien, mon cher Phalaris, ſi tu m'aimes encore, laiſſe-moi mourir, laiſſe-moi enſevelir dans le tombeau toute ma honte & toute ma douleur ; fui de ces lieux cruels, va chercher une contrée moins funeſte, & reſſouviens-toi de l'infortunée Cornelie.

Ses larmes, & les differens mouvemens que ſa diſgrace lui avoit fait ſentir, rouvrirent ſa playe ; Phalaris fit appeller les Chirurgiens, qui, d'abord qu'ils eurent levé le premier appareil, la trouverent en si mauvais état, jointe à une grosse fiévre qui lui survint, qu'ils commencerent à désesperer de sa vie : En effet, peu après elle expira entre les bras de son malheureux Amant.

Je n'entreprendrai point de peindre ici les transports furieux, & le désespoir de Phalaris ; il suffit de dire, que cette perte lui fut si sensible, qu'elle le rendit immobile & hors d'état de se livrer à toute sa rage : Car il est certain que l'excès de douleur nous rend insensible, & que l'ame trop penetrée, ne fait plus aucune fonction humaine. Ce fut dans ce tems que le plus fidele des Domestiques de Phalaris, qu'il avoit envoyé à la Ville pour sçavoir ce qui se disoit de l'absence de Polinestor & de Cornelie, vint lui rapporter avec empressement que tout étoit découvert, qu'il se sauvât,

& qu'on le cherchoit ; qu'il n'y avoit pas un moment à perdre ; qu'un de ſes gens l'avoit trahi, dans l'eſperance d'une récompenſe ; que le Peuple étoit en rumeur ; qu'ils crioient vangeance, & que s'il ne prenoit tout à l'inſtant ſon parti, il ne pourroit échapper à leur fureur. Il écouta tout cela ſans émotion ; & ſi le zele de ce Valet avoit été moins grand, il ſe ſeroit abandonné à la rage de ſes ennemis : Mais Epicarme (c'eſt le nom de ce zelé Domeſtique,) après s'être chargé de tout ce qu'il trouva de plus précieux, obligea ſon Maître de ſe déguiſer, & de ſortir par une porte de derriere : Ils virent en ſortant une troupe qui venoit entourer la Maiſon ; ce qui leur fit redoubler le pas.

Comme aucuns des autres Domeſtiques ne ſçavoient cette fuite, il leur fut aifé de fe fauver.

Ces furieux affemblés autour de cette Maifon en enfoncerent les portes, & croyans y trouver Phalaris , le chercherent par tout, mais en vain, il étoit déja bien loin. Ils entrerent dans l'Appartement où étoit Corne- lie ; les Chirurgiens y étoient encore appliqués à faire l'ouver- ture de fon corps (c'étoit une fubtilité d'Epicarme ;) il leur avoit dit pour les amufer, que fon Maître leur ordonnoit de faire cette operation, parce qu'il vouloit fçavoir fi fans l'accident qui lui étoit arrivé elle auroit pû vivre long-tems.

Parmi ce grand nombre de Sol- dats il y avoit des parens de Po- lineftor qui furent bien furpris de ce fpectacle ; ils s'écrierent que Phalaris avoit auffi affafliné la femme, & vomirent cent im- précations contre lui ; ils chercherent inutilement le corps de Polineſtor , on l'avoit enterré dans un coin du Jardin ; & plus déſeſpérés de ce que Phalaris leur étoit échappé, ils ſe mirent en campagne pour le ſuivre ; mais il étoit déja hors de danger , car ils avoient fait tant de chemin , qu'ils arriverent à la ſeconde journée chez les Gamarins Peuples Barbares ; c'étoit une ſûre retraite pour eux : Ainſi , Phalaris réſolut d'y ſéjourner pour pouvoir ſe repoſer, & réflechir plus à loiſir ſur ſa ſituation.

Ceux qui s'étoient mis en marche pour le chercher , s'en retournerent ne le trouvant point. Les Levintins furent partagés ſur ce ſujet : Les ſages outrés & ſeveres, condamnerent hautement cette action : les autres dont la vertu étoit plus humaine, & qui connoiſſoient mieux le cœur de l’homme, plaignirent le fort de Phalaris, défapprouverent l’imprudence de Polineftor, & la foibleffe de Cornelie.

Pour Phalaris, il étoit inconfolable ; il fe reprochoit la mort de cette belle infortunée ; les révolutions de fa fortune démontoient tous fes raifonnemens ; il tomboit d’une réfolution dans une autre, toûjours incertain fur le parti qu’il avoit à prendre : tantôt il formoit le deffein de fe retirer dans la folitude la plus affreufe ; tantôt il vouloit fe livrer aux Levintins : Enfin, après avoir long-tems combattu, fon ambition prit le deffus ; il s’arma de toute fa raifon ; il s’étudia à éloigner des fouvenirs fâcheux, & le tems acheva ce que la conftance & la fermeté avoient commencé.

Ces differens évenemens n’étoient qu’un prélude de ce qui

devoit lui arriver. C'eſt la plus
foible des paſſions qu'il a à combattre pendant ſa jeuneſſe ; une
bien plus forte va ſucceder, qui
le maîtriſera à un tel point, qu'il
ne ſera déſormais plus capable
d'aucune autre impreſſion.

L'ardeur de regner va faire
toute ſon occupation, il ne s'ap-
pliquera plus qu'à chercher les
moyens d'y parvenir : l'éclat du
Trône l'a ébloüi ; il n'en voit
que le brillant ; il n'en connoît
point le fardeau & les amertu-
mes ; rien ne lui paroît ſi beau
que de s'élever ; tout lui ſemble
legitime, lorſqu'il s'agit de commander , & il s'imagine que le
Sceptre & le Diadême ſont la
vraye felicité de l'homme ; penetré de ces idées ambitieuſes,
il reprend ſa vivacité, & ſe pro-
met tout de ſa temerité ; il ſe
vante même déja de fixer la fortune, & croit que la ſeule conſ-
tance

tance & une loüable audace suf-
fisent, qu'il est honteux à l'homme de se laisser accabler, & qu'il
est de sa grandeur d'être plus
ferme dans l'adversité, que dans
l'état heureux : que cette même
Fortune si changeante & si lege-
re ne nous doit pas étonner par ses
revers, qu'il est un tems où elle
ne peut pas nous refuser ses faveurs; mais qu'il est vrai que c'est
à l'homme à bien ménager ces
heureux instans; & lorsqu'il a sai-
si le moment favorable, c'est à lui-
même après à se faire un bonheur
à l'épreuve de l'inconstance.

Ces grands sentimens le devoient conduire loin ; mais le
tems n'en étoit pas encore venu ;
le chemin qui le devoit mener
au Souverain Pouvoir , n'étoit
pas encore ouvert. La seule rou-
te par où il y pouvoit aller, lui
va encore coûter des peines &
des traverses ; & l'Amour las de

le perſecuter, va l'accabler de
ſes faveurs.

Timocrate commandoit pour
lors en Agrigente, & ayant ré-
pudié Erithie (c'eſt le nom d'une
Atheniene qu'il avoit épouſée
à cauſe de ſa grande beauté,)
elle ſe retira de déſeſpoir chez
les Magarins pour tâcher de les
ſoulever contre lui, & pour ſe
vanger de ſa perfidie ; car rien
n'eſt plus ſenſible à une femme
qui ſe croit accomplie, que le
mépris; de Princeſſe qu'elle étoit
avant ce changement, elle ſe
trouve ſeule abandonnée, ſans
rang & ſans appui, parmi des
Barbares. Elle apprit qu'il y
avoit un Etranger parmi eux,
dont la conduite & le genre de
vie lui firent croire qu'il avoit
peut-être auſſi choiſi cette retraite pour y enſevelir ſes diſ-
graces ; une curioſité naturelle,
& l'eſperance de trouver de la

confolation lui firent chercher
à connoître Phalaris : un bois
fort épais lui en fournit bien-tôt
l'occafion ; il s'y enfonçoit fouvent pour s'entretenir de fes
projets de grandeur , & ce fut
dans un des fentiers le plus reculé qu'il apperçut cette Belle
defolée : un air négligé & con-
venable à fa fituation, faifoit toute fa parure, elle n'en étoit que
plus belle : Mais quoiqu'il fût
furpris de cette avanture , fon
ambition le poffedoit tellement,
que fans s'émouvoir, loin de l'é-
viter, il alla à fa rencontre ; il
n'apprehenda plus que ce ne fût
encore quelque Enchantereffe
qui vînt traverfer fes deffeins :
il ne fentit pas la moindre émotion à fa vûë, la politeffe feule
& la galanterie la lui firent aborder : elle répondit à fes civilités ; & prenant la premiere la
parole, elle lui dit ; que fans dou-

te il avoit lieu d'être surpris de voir dans un lieu habité seulement par les animaux les plus sauvages, une femme seule & désolée ; qu'elle n'étoit pas moins étonnée d'y rencontrer un homme dont le port & la mine marquoient la haute naissance : que neanmoins elle s'estimoit moins malheureuse, puisqu'elle pourroit peut-être trouver en lui un Protecteur contre ses ennemis : Ensuite elle lui conta toute son Avanture. Phalaris l'écoutoit avec attention ; & faisant réflexion sur sa destinée, il n'en pouvoit trop admirer la bizarerie.

Il promit à la belle Erithie de lui donner secours en tout ce qui dépendroit de lui : Ils se séparerent, de crainte d'être surpris dans ce lieu écarté, avec promesse de se consoler mutuellement.

Lorsqu'il fut de retour chez lui, il conta ce qui venoit de lui arriver à Epicarme, & lui dit, qu'il étoit bien content de lui-même, que tous les charmes de cette inconnuë ne l'avoient point touché, qu'il fentoit bien que fon cœur méprifoit ces foibles impreffions; mais que cette belle fugitive pourroit fervir à fon ambition, & qu'il méditoit un deffein dont le fuccès le combleroit de gloire.

Epicarme le conjura de fuir cette pernicieufe & dangereufe occafion; qu'il ne connoiffoit que trop par fa propre experience combien l'Amour lui avoit été funefte, qu'il n'étoit point encore affez fûr de lui-même, pour rifquer un fi grand danger; & qu'enfin la fuite étoit le feul parti qu'il eût à fuivre.

Phalaris, après avoir réflechi fur ce nouvel incident, ne douta plus que ce qui avoit penfé caufer fa perte, n'allât contri-

buer à son élevation ; tout flattoit son ambition , & cette Princesse abandonnée lui ouvroit un
chemin qui le pouvoit conduire
au Trône ; il souhaitoit avec empressement de la revoir ; & dès
qu'il crut le povoir faire avec
bienséance , il envoya Epicarme
qui s'étoit rendu à ses raisons ,
pour sçavoir s'il pouvoit avoir
l'honneur de l'entretenir : elle
fut charmée de l'attention de ce
Cavalier , & assûra Epicarme
qu'elle l'attendoit , & qu'elle
étoit très-sensible à ses civilités :
Elle voulut l'interroger sur le
nom, sur le rang de son Maître, & sur le sujet qui lui avoit
fait choisir cette retraite ; mais
le discret Epicarme répondit
modestement, que c'étoit à son
Maître à satisfaire sa curiosité,
que pour lui il n'avoit d'autres
soins que de bien remplir son
devoir, ensuite il se retira

La belle Erithie se promit beaucoup de l'empressement de Phalaris ; elle accusoit moins les Dieux d'injustice, puisqu'ayant souffert impunément la perfidie de Timocrate, ils lui faisoient rencontrer dans cet inconnu un Protecteur & un appui : Comme ces differentes pensées l'agitoient, Phalaris entra : après les premieres civilités, elle lui reprocha poliment sa discretion, en lui faisant connoître qu'elle n'avoit eu aucune reserve pour lui, qu'elle lui avoit confié les secrets les plus cachés de son cœur, & qu'elle se croyoit en droit après tant de sincerité, d'exiger de lui une pareille confidence.

Phalaris lui répondit, que les Actions de sa vie avoient eu si peu d'éclat, & qu'il avoit été exposé à de si étranges revers, qu'il la conjuroit de lui épargner un récit qui lui rappelleroit des difgraces qu'il cherchoit à oublier : qu'au refte, ce qu'il fçavoit de fa deftinée, c'eft que la Fortune peut-être fe lafferoit de le perfecuter, qu'il étoit d'un rang & d'un nom à tout efperer, qu'il avoit affez d'ambition pour tout entreprendre , & qu'une paffion violente & tyrannique l'avoit conduit en ces deferts ; mais qu'il efperoitquecette mê me paffion pourroit l'en arracher.

Erithie ne lui en demanda pas davantage ; c'en étoit affez pour executer les projets qu'elle avoit formés ; elle ne fongea plus qu'aux moyens de les faire réüffir ; il falloit fe déclarer & prévenir Phalaris , qu'elle ne connoiffoit point : fa fierté & la bienfeance la retenoient ; mais la vangeance & l'ambition plus fortes, furmonterent tout ; l'offenfe venoit d'être faite ; l'offen-

seur étoit puissant ; l'inconstance
avoit fait son crime, & par consequent l'Amour vouloit être van-
gé ; & comme les passions font
beaucoup plus vives dans les
femmes que dans les hommes,
les momens que la belle Erithie
perdoit en plaintes, étoient des
momens qu'elle déroboit à sa ja-
loufie & à la vangeance, il falloit
perir ou détruire sa Rivale, &
le seul moyen digne d'elle, étoit
de susciter à son perfide un Ri-
val capable du moins de balan-
cer sa gloire & sa réputation :
Elle avoit assez fait connoître à
Phalaris que c'étoit lui qu'elle
choisisfoit, & ce choix flattoit
trop son ambition pour qu'il ne
lui fît pas paroître par ses sentimens qu'il en étoit digne ; l'en-
treprise étoit hardie & difficile ;
l'ambition avoit produit le projet, mais il falloit des Troupes
pour l'execution. C'est une Prin-

cesse abandonnée, & un General disgracié qui forment ces
vastes desseins : mais que ne
peuvent point l'ardeur de s'élever, & la fureur de se vanger ?
& lorsque l'Amour veut se mettre de la partie , ne peut-il pas
seul fournir les moyens de tout
entreprendre ?

La charmante Erithie avoit
trouvé dans Phalaris une si grande simpatie d'humeur , & tant
d'égalité dans ses sentimens ,
qu'elle resolut de se l'assûrer ,
tant pour ne point donner lieu
à des bruits qui auroient pû flé-
trir sa réputation , & quî par
consequent auroient autorisé le
changement de Timocrate, que
pour l'animer à la mieux défendre, & oublier entierement son
infidele. D'ailleurs, tout parloit
en sa faveur, sa bonne mine,
son rang, & ses grands sentimens
avoient inspiré à Erithie une

estime particuliere pour lui.

Phalaris trouvoit en cette Princesse une Couronne à acquerir, & assez de charmes pour remplir son cœur : il parut fort reconnoissant des bontés qu'elle avoit pour lui, quoique sa délicatesse fût un peu offensée de se voir réduit à profiter, & de la disgrace d'Erithie, & de l'inconstance de Timocrate. Il sentoit bien qu'il ne devoit qu'à la vangeance & au désespoir, le bonheur qui lui étoit préparé ; mais la possession d'un Sceptre doit s'acheter à quelque prix que ce soit : d'ailleurs, ce n'étoit que par les Armes qu'il prétendoit y parvenir ; il avoit des droits legitimes pour entreprendre cette Guerre : car Erithie lui ayant fait entendre ses volontés, ils avoient pris jour entr'eux pour l'accomplissement.

Phalaris dont l'Ame étoit

grande, & que le penchant naturel entraînoit vers l'Amour, ne voulut plus regarder Erithie comme une Princesse dont le rang & les prétentions pouvoient toucher le cœur le plus ambitieux ; il l'envisage dès lors comme une simple Grecque, mais en même-tems comme la plus accomplie de son siecle. En effet, Venus même, que la Fable nous donne pour la Déesse de la Beauté, n'a jamais été plus belle ; une douceur engageante jointe à un esprit vif & un discernement juste, étoient ses moindres qualités.

L'ambition va faire place à l'Amour ; Phalaris voudroit mériter par lui-même un retour sincere ; il met toute sa gloire à vanger Erithie ; mais il voudroit qu'elle ne regardât plus Timocrate que comme un inconstant, & que ce fut comme

un ufurpateur ; il n'eut point de
peine à lui infpirer ces fentimens
de délicateffe : l'eftime s'étoit tellement fortifiée dans fon cœur,
& fon perfide l'avoit fi cruellement outragée, qu'elle travailla
à s'attacher fincerement à Phalaris ; fi elle ne trouvoit pas en
lui une Couronne, fa Vertu le
rendoit digne de la porter, en
lui en ouvrant le chemin ; la reconnoiffance l'affûroit plus de
fa fidelité, que fes charmes.

Elle voulut joindre le devoir
à la parfaite eftime, afin de
ne jamais rompre de fi beaux
nœuds.

Lorfque l'Amour eut exigé
d'eux tous fes droits, & que le
flambeau de l'hymen eut allumé
leurs chaftes feux, il fallut pen-
fer à contenter l'ambition.

Les feuls Gamariens pou-
voient leur prêter fecours : mais
ces Peuples qui ne faifoient pour

lors la Guerre qu'aux Animaux, joüiſſoient de la tranquillité d'u-ne Paix qu'ils avoient achetée bien cher.

Phalaris neanmoins alla viſiter les Principaux, & leur inſinua que les Agrigentins faiſoient bien paroître qu'ils les mépri-ſoient ; puiſque, contre les Loix, ils avoient uſurpé des Terres qui leurs appartenoient ; il leur fit valoir enſuite l'importance de ſe faire craindre de ſes Voiſins ; il n'oublia pas à leur exagerer l'ambition de Timocrate, qu'ils avoient tout à craindre de lui & de ſes Peuples, & que l'occa-ſion étoit belle de le prévenir ; que d'ailleurs la Princeſſe Eri-thie qu'il venoit de répudier, leur demandoit ſecours, qu'il y alloit de leur interêt de ne la pas abandonner, & qu'il les aſſiſte-roit de ſes conſeils & de ſon bras.

Il eut beaucoup de peine à les

perfuader ; la crainte de trop
rifquer, & la moleffe les em-
pêchoit de rien entreprendre ;
& il eft même certain qu'ils
n'auroient pas pris les Armes, fi
dans ce tems les Himeriens ne
leur avoient déclaré la Guerre ;
ils furent contraints d'armer :
mais Phalaris qui s'étoit offenfé
du peu d'envie qu'ils avoient paru avoir de lever des Troupes
pour fecourir Erithie, s'étoit retiré & ne paroiffoit plus parmi
eux ; c'étoit un trait de fa politique : Il fçavoit bien que ces
Peuples dans leur fituation pré-
fente, lui propoferoient le Commandement , leur Chef étant
accablé de vieilleffe & hors d'é-
tat de commander : mais comme il avoit fon but , il vouloit
méprifer ce rang ; le Commandement lui fut bien-tôt préfen-
té, il affecta d'abord de ne vouloir pas l'accepter, ne connoif-

fant point, difoit-il, ni les mœurs, ni la maniere de combattre de ces Peuples : Neanmoins après de fortes inftances, il fe mit à leur tête. Avant de fe mettre en Campagne il exerça les Troupes, & leur apprit de nouvelles manœuvres ; fa douceur & fa bonté lui attirerent leur amitié ; il retrancha leur maniere de combattre : & comme il étoit en ufage parmi eux de fe pofter par pelotons, il les rangea en lignes ; il leur fit connoître auffi combien il étoit avantageux d'attaquer les premiers, & que c'étoit le plus fûr moyen d'intimider les ennemis & d'encourager les Troupes.

En effet, le Soldat eft prefque certain de la Victoire, lorfqu'il peut prévenir fon ennemi : Ces nouveautés furent fort bien reçûës de ces Barbares, qui accoûtumés à une difcipline grof-

fiere, étoient fouvent battus plûtôt faute d'une bonne difpofi-
tion, que par manque de valeur.

Phalaris ne voulut point faire
la Revûë generale de fon Armée qu'en préfence d'Erithie,
qu'il avoit déja affûrée qu'il pe-
riroit plûtôt lui & toutes fes
Troupes, qu'elle ne fût pas van-
gée ; qu'elle feule fçavoit fes
projets ; que ces Peuples ne fçau-
roient à préfent empêcher les
irruptions des Himeriens en leur
Païs ; mais que la défaite de ces
derniers le mettroit en état d'e-
xecuter leurs grands deffeins.

Ce difcours la combla de joïe ;
le fort paroiffoit déja leur être
favorable ; elle lui dit, qu'elle
croyoit qu'il étoit à propos de
cacher leur hymen jufqu'à fon
retour, ce qu'il approuva, en
l'affûrant qu'il ne vouloit le publier qu'en lui rendant fa Couronne : ils fe firent plufieurs au-

tres aſſûrances d'amitié, & Phalaris alla joindre l'Armée : la belle Erithie fut préſente à la Revûë ; elle ſe promit beaucoup & de la valeur des Troupes, & de la prudence du General ; tout alloit combattre pour elle, l'Amour & la gloire eſcortoient Phalaris.

Laiſſons-le donc marcher aux ennemis avec cette puiſſante eſcorte, & ramenons la charmante Erithie dans ſa ſolitude. Le préſent flattoit tous ſes deſirs, mais l'avenir étoit douteux ; l'incertitude eſt cruelle lorſqu'il s'agit ou de monter au plus haut degré de gloire, ou de tomber dans l'abyſme le plus affreux : la Victoire lui rendoit une Couronne que l'inconſtance lui avoit ravie, & la défaite de Phalaris la réduiſoit dans la plus cruelle diſgrace : Abandonnons cette Princeſſe à ſes differens mouvemens , & ne perdons point de vûë notre General , qui aprés trois jours de marche se vit en présence des ennemis : Il rangea d'abord son Armée en Bataille , & alla reconnoître lui-même le Camp & la situation ; & après avoir invoqué les Dieux qu'ils adoroient, il harangua ses Soldats en ces termes : O vous, Gamariens, que le soin de votre propre liberté & de votre gloire amenent ici , secondez la noble ardeur qui m'anime ; la Victoire s'offre à nous ; les Dieux sont de notre parti ; ils autorisent cette Guerre ; la cause en est trop juste pour qu'ils nous abandonnent ; il est beau d'être la terreur de ses Voisins & de leur imposer des Loix, & on ne sçauroit trop loin pousser la gloire ; si la Justice & les Loix humaines défendent de s'agrandir sur les débris de ses ennemis, l'honneur de la Patrie & la veritable valeur ordonnent d'augmenter sa réputation, & de s'élever; l'occasion s'en présente, c'est à nous d'en profiter & de montrer qui nous sommes.

Ce discours éloquent anima tellement ses Troupes, que l'on n'entendoit plus dans le Camp que le mot de, combattons. Phalaris en habile General profita de cette chaleur ; il fit donner le signal du Combat ; il ne fut pas plûtôt donné, que ses Troupes chargerent les ennemis avec tant de fureur, qu'ils les enfoncerent & les culbuterent ; ils ne pûrent soûtenir ce premier mouvement, & se retirerent en désordre derriere un bois qui les favorisoit, & qui leur donna le tems de se rallier.

Phalaris fit battre la retraite, ne voulant rien hazarder ; il eut peine à moderer l'ardeur des

Soldats qui vouloient percer le bois ; mais ce coup étoit trop témeraire.

Notre General fit faire alte à ses Troupes pour leur donner le tems de se reposer , & envoya un détachement pour s'emparer des équipages que les Himeriens avoient abandonnés, & il alla lui-même observer le bois & la manœuvre des ennemis ; il reconnut qu'ils faisoient un grand abbatis d'arbres pour se retrancher : s'il n'avoit écouté que sa valeur , il auroit été les forcer ; mais c'étoit sacrifier ses Soldats ; il resolut avec prudence de faire une fausse marche, pour les attirer ; il laissa reposer le reste du jour son Armée ; & afin que ce faux mouvement ne ralentît point l'ardeur de ses Troupes, il leur dit : Enfans, la Victoire est à nous ; elle auroit pû être plus grande, ſi nous avions voulu forcer les ennemis dans leurs retranche- mens ; mais mon deſſein eſt de devoir le gain de cette grande Bataille à votre intrepidité , & non à l'effuſion de votre ſang ; il eſt trop beau pour le répan- dre ; votre valeur m'eſt à pré- ſent connuë : j'ai donc réſolu pour nous aſſûrer d'une entiere Victoire , de me ſervir d'une ruſe de Guerre, nous allons fein- dre de nous en retourner , & il faut même que notre retraite paroiſſe un peu précipitée, pour mieux attirer les ennemis ; & lorſqu'ils feront ſortis de leurs retranchemens, & qu'ils en ſe- ront aſſez éloignés pour que nous les puiſſions joindre avant qu'ils ſoient à portée de s'y re- jetter ; nous ferons volte face , & nous les chargerons comme nous avons fait.

Ce projet eut un applaudiſſement general, & il fut en même-tems executé : Les ennemis d'abord crûrent que c'étoit une feinte ; mais ayant sçû par leurs Espions, que l'Armée ennemie s'éloignoit, & qu'elle marchoit même avec précipitation, ils resolurent de la suivre, & de tâcher de réparer la perte qu'ils venoient de faire, ils presserent leur marche pour joindre Phalaris, & pour pouvoir charger son Arriere-garde : mais d'abord que ce rusé General connut qu'il étoit tems de découvrir son artifice, il fit faire tout d'un coup volte face à son Armée, & sans lui donner le tems de la réflexion, il la mena à la charge : Les ennemis furent si surpris de ce mouvement, qu'ils voulurent se retirer ; mais ils étoient trop avancés pour reculer, ainsi leur seul parti fut de se défendre ; le Combat d'abord fut fort opi-

niâtré ; les Himeriens se batti-
rent en désesperés ; mais leur
premiere défaite n'avoit pas laiſſé de jetter la terreur parmi eux ;
& les Gamariens en firent un
tel carnage , que ne pouvant
plus ſoûtenir leurs efforts & leur
ardeur , ils ſe débanderent &
s'enfuirent avec tant de déſor-
dre, que leur défaite fut entiere. Phalaris reçut deux bleſſures en cette action , s'étant ex-
poſé par tout , dont l'une ne laiſ-
ſoit pas d'être dangereuſe par la
grande quantité de ſang qu'il
perdit, n'ayant pas voulu ſe retirer qu'il ne fût certain du gain
de la Bataille.

Après la déroute des ennemis il ne voulut point les pour-
ſuivre, plus à cauſe de la fatigue
de ſes Troupes, qu'à cauſe de
ſa bleſſure : car pour ne point
intimider ſes Soldats , il ſe fit
pancer à la tête du Camp , &
leur

leur donna des loüanges fur l'action qui venoit de fe faire, avec
autant de fermeté, que s'il avoit
été en pleine fanté; il donna fes
ordres à l'ordinaire pour que le
butin fût partagé également;
& fur tout il pria les Officiers
de faire obferver le même ordre dans le Camp, leur difant,
que la Victoire devoit augmenter l'attention des Soldats pour
remplir leurs devoirs, & que
c'étoit par une plus grande exactitude qu'ils devoient fe montrer dignes de fes faveurs, &
que la grande difcipline rendoit
une Armée plus formidable, que
la quantité de Troupes; il com-
manda auffi que l'on fît des Sacrifices aux Dieux pour les re-
mercier de cet heureux fuccès: enfuite il écrivit à Erithie le
détail de cette grande Action;
il lui dépêcha un Exprès pour
la tirer d'inquietude : Voici

K

les termes de sa Lettre.

Les Dieux, mon Erithie, ont secondé la justice de nos Armes; ils viennent de nous faire remporter une Victoire complette: Les Gamariens ont fait paroître en cette Action tant d'intrepidité & de valeur, qu'avec de pareilles Troupes un General peut s'assûrer de la Conquête de l'Univers; & ce qui doit les immortaliser, c'est que leurs ennemis se sont défendus avec tant de vigueur, qu'ils ne doivent qu'à leur fermeté le gain de cette Bataille: Pour moi, je ne sçaurois vous exprimer la joye que j'aurai de pouvoir vous faire connoître que Phalaris sçait du moins disputer une Couronne, s'il n'est pas digne de la porter. Adieu; les ordres que j'ai à donner m'empêchent de vous en écrire davantage; n'oubliez pas que la Gloire & l'Amour me guident, & que pour contenter ces deux paſſions, il ne faut pas moins que la Victoire; il ordonna de cacher à Erithie ſes bleſ-ſures, de crainte de l'allarmer: Mais elle s'intereſſoit trop à ſa deſtinée pour n'avoir pas commis des perſonnes pour l'infor-mer de tout ce qui ſe paſſeroit; la bleſſure de Phalaris avoit fait trop de bruit pour qu'elle fût ignorée de celle qui y prenoit le plus de part; elle en fut ſi allarmée, qu'elle partit dès l'inſ-tant pour le joindre.

Phalaris ne fut pas peu ſur-pris de la voir; un ſi tendre em-preſſement marquoit aſſez la bonté de ſon cœur; mais com-me ſes bleſſures étoient en fort mauvais état, il craignoit que cela ne lui cauſât trop d'inquie-tudes.

Le premier ſoin d'Erithie fut de s'informer des Chirurgiens, fi fes bleſſures n'étoient point dangereuſes ; ils lui cacherent la verité , & la prierent ſeulement d'obtenir de lui qu'il permît qu'on le tranſportât dans la plus prochaine Ville, parce que ce n'étoit que par là qu'il pouvoit ſe rétablir.

Erithie eut bien de la peine à faire conſentir Phalaris à quitter le Camp ; il connoiſſoit bien qu'il y étoit neceſſaire , parce que ſon deſſein étoit de marcher juſqu'aux portes d'Himere où les ennemis s'étoient retirés : mais les Himeriens voulant prévenir l'orage qui les alloit accabler , envoyerent dans ce tems des Députés à Phalaris pour demander la Paix.

Il les reçut en Vainqueur , & leur dit, qu'ils ſçauroient ſa réſolution aux portes de leur Ville.

Une réponſe ſi fiere les étonna ; ils avoient ordre de tout accorder pour l'obtenir : Ainſi, ils lui firent des propoſitions très-avantageuſes. La Paix étoit contraire à ſes projets, & donnoit des bornes à ſon ambition ; neanmoins il n'étoit pas le maî-tre abſolu pour refuſer des conditions ſi favorables & ſi honorables pour les Gamariens ; il falloit aſſembler un Conſeil general pour en décider, ce qu'il fit.

Il ſe plaignit fort de ſa deſtinée à Erithie. Quoi ! diſoit-il, la Victoire, qui ordinairement ouvre le chemin qui mene au Trône, m'en ferme l'entrée ; je n'entreprens de faire la Guerre que pour amener la Paix : la défaite entiere de mes ennemis, qui devoit me promettre un fort digne d'envie, ne ſervira qu'à détruire mes deſſeins : Ces triſtes réflexions l'agitoient avec

tant de violence, qu'il eut befoin du fecours d'Erithie, qui
n'ayant d'autre foin que celui de
lui conferver la vie, tâchoit à
le raffurer, en lui faifant connoître que fa valeur lui avoit
acquis une trop haute réputation chez les Gamariens,
pour qu'ils vouluffent l'abandonner dans une entreprife où
leur honneur & leur interêt
particulier fe trouvoient enga-
gés. D'ailleurs, que cette Victoire étoit un puiffant aiguillon
pour les animer à la gloire; que
cette premiere Conquête les affûroit de bien d'autres, qu'ainfi
fa feule attention devoit être de
fe rétablir, & que fes jours lui
étoient plus précieux que l'Empire du monde.

Ces fentimens fi genereux, &
des raifons fi puiffantes, calme-
rent un peu l'efprit de Phalaris:
Il fit affembler le Confeil pour

ne se point rendre suspect à ces Peuples, & afin de cacher toute son ambition ; son opinion fut qu'il falloit accorder une Tréve aux Himeriens pour avoir le tems de regler une Paix durable : son avis fut generalement approuvé, & la Tréve fut signée de part & d'autre pour trois mois.

Phalaris donna ses ordres pour faire séparer son Armée, & se fit transporter, accompagné de sa chere Erithie, dans sa premiere solitude ; il ne voulut point accepter les Honneurs du Triomphe, & empêcha qu'on lui fit élever une Statuë en memoire de la fameuse Bataille qu'il venoit de remporter ; il refusa même un superbe Edifice que ces Peuples lui avoient préparé.

Tant de Grandeur & de Noblesse le firent regarder du Peuple comme un Dieu : Ils voulu-

rent l'adorer, difans, qu'il en
étoit plus digne que leurs Dieux,
puifqu'ils lui devoient leur liberté. Tant d'honneurs & d'é-
levation lui rendirent la tranquillité que cette Paix lui avoit
ôtée ; il ne fongea plus qu'à fe
mettre en état d'executer fes
grandes idées ; l'attention extrê-
me, & les complaifances de la
belle Erithie, jointes à un bon
temperamment & à l'experience de fes Chirurgiens, le mirent
bien-tôt hors de danger.

Le Peuple impatient de le
voir, offroit chaque jour des
Sacrifices aux Dieux pour le re-
couvrement de fa fanté ; & enfin, pour répondre à leurs empreffemens, il fe montra à la populace & aux Soldats fur une
Gallerie de fa Maifon : La joye
fût univerfelle, chacun à l'en-
vi s'empreffoit de le voir & de
chanter fes loüanges ; il fit des
préfens

préſens aux Peuples, & il y eut pendant trois jours des réjoüiſſances publiques. Le tems de la Tréve expiroit ; ainſi il falloit penſer ou à la rompre, ou à conclure la Paix.

Il conſulta avant que de paroître au Conſeil, la prudente Erithie ; & après avoir examiné toutes choſes, il fut reſolu qu'il opineroit pour la Paix, parce qu'il devoit à préſent être aſſez ſur de ces Peuples pour les conduire où il le jugeroit à propos ; & d'ailleurs, cette Guerre auroit pû traîner en longueur, & par conſequent elle auroit été un obſtacle à leurs projets. Il ſe rendit ſur cette confiance au Conſeil ; il fut contraint d'y aller ſur la fin du jour, pour éviter l'embarras d'une populace qui l'auroit accablé de loüanges & d'acclamations.

Il y fut reçû, non comme un

L

General, mais comme un Souverain : il conjura tous les Officiers & les Premiers de la République de le regarder comme leur Camarade & leur ami ; assûra que leur gloire & le bien public commun lui étoient chers, & qu'il vouloit leur en donner une preuve sensible, en les exhortant à faire la Paix avec les Himeriens ; que la Tréve étant expirée, il étoit tems de se déclarer ; & que puisque leurs ennemis se soumettoient à recevoir la Loi du Vainqueur, il croyoit qu'il étoit & de leur interêt, & de leur gloire d'accepter les conditions qui leur étoient proposées ; qu'après cela ils trouveroient d'autres occasions de contenter leur ardeur guerriere, & que pour lors la Victoire les pourroit conduire plus loin ; qu'à l'égard de la présente Guerre, quand bien mê-

me ils feroient maîtres de la Ville
d'Himere, ces Peuples implo-
rans leur clemence, l'honneur
les auroit obligé de les recevoir
à compofition ; parce que, difoit-il, une Nation qui veut fe
rendre recommandable à la pofterité, doit chercher à s'acquerir de la gloire par des Actions
Heroïques & approuvées des
Dieux. Les Conquêtes ne doivent pas fe mefurer à l'ambition, il fuffit de chaffer fes ennemis, & de les repouffer jufques dans leurs Païs, lorfqu'ils
ont eu la témerité de vouloir
penêtrer dans le vôtre ; leur
fuite & leur défaite eft un affez
grand triomphe pour les Vainqueurs, c'eft une tyrannie &
une fauffe ambition que de vouloir les fubjuguer ; vous les
avez déja vaincus par la force des Armes, il faut achever
leur entiere défaite par la cle-

mence & par la generofité.

Ce difcours fut un Oracle
pour cette Affemblée ; on dreffa
les Articles de Paix, & tous prierent Phalaris de les examiner
& de les regler comme il le fou-
haiteroit ; il en retrancha quel-
ques-uns, & augmenta les autres ; mais il réduifit les Himeriens par cette Paix à la neceffité de la conferver fidelement.
Les plus experimentés ne pouvoient trop admirer le définte-
reffement & la fimplicité de ce
General , qui loin d'éternifer
une Guerre, pour fe rendre ne-
ceffaire, & pour entaffer Lauriers fur Lauriers, cherchoit à
la finir, lorfqu'à peine elle étoit
commencée ; cette Paix étoit
pour eux un fi grand gage de fa
Vertu, qu'elle le rendoit auffi fameux que fa derniere Victoire.

Phalaris rendit un compte
exact de tout ce qui s'étoit paffé

au Conseil à sa chere Erithie,
qui en étoit d'autant plus charmée, que l'amitié lui avoit fait
oublier en partie sa vangeance ;
toute son ambition se bornoit à
plaire à son Heros ; ses Vertus a-
voient entierement effacé de son
cœur Timocrate ; il étoit même
des momens qu'elle lui vouloit
du bien d'avoir été perfide. La
possession de Phalaris lui sembloit plus douce que celle d'une
Couronne : La passion qu'elle
avoit pour lui, remplissoit tellement son cœur, qu'il étoit fermé
pour tout autre : Enfin, ils joüis-
soient du plus parfait bonheur,
du moins Erithie : à l'égard de
Phalaris, son ame étoit partagée
entre l'Amour & la Gloire ; l'une
de ces passions étoit satisfaite,
mais il manquoit à l'autre une
Couronne : ce qui fait bien voir
que l'homme ne peut jamais parvenir à ce point de felicité, qui

qui ne laisse plus rien à souhaiter. Il faudroit pour cela qu'il
n'eût qu'une passion à combattre, ou à contenter ; mais comme il est susceptible & capable
de toutes sortes d'impressions,
rien ne le peut fixer, ni l'arrêter. Triste condition que la
sienne, puisqu'il est la victime
de ce qui devroit faire son souverain bien !

Les Députés des Himeriens
étoient déja arrivés ; ils demanderent Audience à Phalaris, elle
leur fut accordée ; ils lui pré-
senterent des présens, qu'il ac-
cepta ; il les reçut très-favora-
blement, & les renvoya après
aux principaux Officiers, & le
jour marqué, la Paix fut signée
de part & d'autre avec beaucoup de joye. Tout étoit tran-
quile, hors le seul Phalaris, qui
sans cesse étoit devoré par l'ardeur de regner : il se voyoit

contraint de ralentir son ambition ; il n'étoit pas encore tems
d'éclater : mais comme la Fortune se joüe & méprise les projets des hommes, elle fraïa le
chemin qui devoit le conduire
en Agrigente par la mort de
Timocrate, qui fut causée par
une chûte qu'il fit.

Le bruit de cette mort se répandit bien-tôt par tout ; Phalaris en fut instruit des premiers ; l'occasion s'offroit, & il
falloit en profiter, les Agrigentins ayant déja élû leur Capitaine general pour remplir la place de Timocrate.

Erithie rendoit mille graces
aux Dieux de ce qu'ils paroiſ-
ſoient lui être ſi favorables ;
elle ne prévoyoit pas tous ſes
malheurs, tout pour le préſent
parloit pour elle ; elle alloit
bien-tôt recüeillir les fruits d'u-
ne heureuſe hymenée ; elle tou-

choit au moment de se voir ré-
tablie sur le Trône : Ne la dé-
tournons point de ses pensées
flatteuses , tandis que Phalaris
fait assembler les Gamariens ,
& leur tient ce discours :

La Guerre que les Himeriens
vous avoient suscitée , m'a été
très - avantageuse , puisqu'elle
m'a donné l'occasion de vous
marquer combien je m'interes-
sois à votre gloire ; je n'ai pas
lieu de me plaindre de votre reconnoissance, puisque vous vou-
liez la pousser si loin , qu'elle
auroit offensé les Dieux. Je ne
suis qu'un foible mortel qui ne
cherche à s'élever que pour me
rendre digne des faveurs de ces
mêmes Dieux, en tâchant de les
imiter : La Fortune, par la mort
de Timocrate, me présente les
moyens de rendre une Couronne à une Princesse qui merite
plus de la porter encore par sa

Vertu, que par sa naissance, elle a eu la bonté de vouloir bien la partager avec moi ; me refuseriez-vous l'honneur de la devoir à votre valeur ? Je ne prétens point vous engager dans une Guerre préjudiciable & contraire au bien public : votre intrépidité m'assûre de la Victoire, & il suffira que vous paroissiez pour contraindre les Agrigentins à reconnoître leur veritable Souverain. Je ne vous demande que l'honneur de recevoir le Sceptre de vos mains, mon autorité, la Justice, & les Dieux feront le reste.

Tous les Officiers & les autres répondirent qu'ils étoient tous prêts de le suivre par tout, & qu'ils ne regretteroient que la perte d'un Heros qui les avoit comblé de gloire.

Les Officiers prirent le soin de faire assembler les Troupes ;

tous les Soldats étoient ravis
qu'on les arrachât à la molesse ;
la derniere Victoire les avoit
rendus belliqueux : Dailleurs,
Phalaris & les Officiers , & les
Premiers du Peuple étoient
charmés de trouver une si belle occasion de reconnoître les
signalés services qu'il leur avoit
rendus : C'étoit un sûr appui
qu'ils se faisoient , en mettant
Phalaris sur le Trône d'Agrigente ; ainsi l'Armée fut bien-
tôt en état de marcher.

Phalaris certain du succès, se
formoit une idée bien glorieuse,
lorsqu'il pensoit qu'il alloit être
en état de rendre à Erithie tout
ce qu'il lui devoit : mais cette
Princesse plus agitée par la
crainte du succès , qu'animée
par l'ambition qui lui faisoit tout
esperer, auroit souhaité que l'A-
mour seul eût donné les Cou-
ronnes , & non l'impitoyable

avidité de regner, la folle préfomption & l'infatiable vanité
de l'homme.

Phalaris rifquoit beaucoup ;
il étoit Etranger, connu ; il eft
vrai, par fes grandes Actions,
de toute la Grece : mais les
Agrigentins étoient des Peuples
féditieux, changeants, & toûjours prêts à la révolte : C'é-
toit une Princeffe répudiée qu'il
vouloit rétablir, qui étoit le pré-
texte de cette entreprife ; ils
pouvoient regarder Phalaris
comme un Tyran & un Ufur-
pateur. Enfin, il y avoit tout à
apprehender d'un Peuple qui fe
voit forcé à recevoir des Loix
d'un Prince qu'il n'a pas élû.

Toutes ces réflexions l'embar-
raffoient cruellement ; le feul
Phalaris occupé de fa nouvelle
grandeur, étoit infenfible à toutes autres penfées. Il confola
le mieux qu'il put Erithie, eu

l'aſſûrant qu'il ne tarderoit pas
à la venir chercher lui-même accompagné des principaux
Agrigentins ; que l'état où elle
étoit ne lui permettoit pas de
l'accompagner ; que d'ailleurs
il vouloit appaiſer tous les troubles avant que de l'expoſer. Erithie ne le vit partir qu'avec des
regrets les plus touchants ; un
mauvais augure & un triſte
préſage de l'avenir la tourmen-
toient ſans ceſſe ; mais toutes
ces inquietudes n'empêcherent
point Phalaris de joindre l'Armée.

Les Agrigentins qui ne ſçavoient point ſon deſſein, furent
fort ſurpris lorſqu'on les vint
avertir qu'il paroiſſoit une Armée formidable qui ſembloit
menacer Agrigente ; ils envoyerent la reconnoître, & s'infor-
merent du ſujet qui la mettoit
en campagne : ils ne furent pas

peu étonnés d'apprendre le projet de Phalaris.

Ils resolurent de lui opposer
du moins toutes les Troupes en
état de défense ; ils regardoient
cette surprise comme une usur-
pation ; leur nouveau Prince
prit le parti de perir ou de vaincre son ennemi ; ainsi peu après
il se mit à la tête d'un corps de
Troupes inferieur, à la verité, à
ses ennemis ; mais du moins assez fort pour rester sur la dé-
fensive.

Phalaris étoit trop animé pour
ne pas chercher à décider ; il ne
balança point de marcher aux
Agrigentins ; & avant que de
le faire, il leur envoya un Ma-
nifeste contenant toutes ses prétentions ; ils ne voulurent pas
seulement le lire. Ce procedé
ne fit qu'irriter l'ardeur qu'il
avoit de s'assûrer de cette Couronne par la Victoire, il alla

droit à eux : l'affaire fut sanglante ; mais la superiorité des Troupes de Phalaris, & leur intrepidité déciderent du gain de la Bataille. Les Agrigentins furent repoussés jusques dans leur Ville, & les Gamariens les suivirent de si près, qu'ils y entrerent avec eux en si grand nombre, qu'ils s'emparerent des principaux postes. Phalaris fit occuper le Palais par ses Troupes, & fit entourer la Ville par le reste de son Armée. Après s'être fait voir aux Peuples, & leur avoir donné des marques de sa liberalité, ses Troupes le proclamerent Roi : Les Agrigentins furent obligés de le reconnoître, leur nouveau Prince ayant été fait Prisonnier.

Phalaris fit observer aux Gamariens le même ordre qu'ils observoient chez eux. Les Peuples d'Agrigente ne s'apperçurent point que les Vainqueurs étoient maîtres de leurs biens & de leurs vies ; on ne les distinguoit point d'avec les vaincus ; il ne se commit pas le moindre desordre ; les Officiers des Gamariens y tenoient la main, en sorte que cette grande discipline & cette clemence lui rendirent le Peuple favorable.

Le Senat seul & les Officiers paroissoient mécontens de ce changement ; neanmoins la force des Armes les avoit contraints à reconnoître Phalaris pour leur Souverain ; mais ils le craignoient beaucoup plus qu'ils ne l'aimoient : Cependant il mit tout en usage pour se rendre maître des cœurs. Il harangua le Peuple & le Senat ; il leur fit connoître que son dessein étoit de maintenir leur liberté, de les rendre redoutables à tous les autres Peuples, & de faire en-

vier leur fort à toute la Sicile ;
qu'il prétendoit plûtôt être leur
pere que leur Souverain ; que
la Juftice & le bon Droit venoient de donner une Couronne qu'il foûtiendroit mieux par
la Vertu & par la douceur, que
par les Armes. Si ce difcours
éloquent ne fit pas une forte im-
preffion dans le cœur des Agrigentins, du moins il leur donna
une grande idée de Phalaris.

La premiere marque qu'il
voulut leur donner de la confiance qu'il avoit en eux, fut de
renvoyer les Gamariens après
les avoir comblés de préfens &
de loüanges ; les principaux Officiers lui remontrerent qu'il ha-
zardoit trop dans un fi prompt
Avenement à la Couronne, de
fe défaire d'eux, & que ces Peuples fubjugués, outrés de leur
défaite, pourroient bien avoir
la témerité d'attenter à fa vie.
Phalaris

Phalaris leur répondit, qu'il leur tiendroit compte d'un zele aussi genereux ; mais que sa vie étoit entre les mains des Dieux ; que les hommes n'en pouvoient disposer que par leur ordre ; & qu'ainsi, si c'étoit l'Arrêt des Destinées qu'il pérît, toutes les Nations assemblées pour le défendre, ne pourroient le dérober à la mort : que du moins ce qui pourroit le consoler en périssant, c'est que sa fin seroit honorable, puisque la recherche de la Vertu & de la Gloire avoient fait tous les soins de sa vie ; qu'après cela il mourroit dans le lit d'Honneur, & le Sceptre à la main.

Après les avoir encore remerciés, & du Trône qu'il devoit à leur courage, & de leurs nobles empressemens à l'y vouloir maintenir : il les conjura de s'en retourner ; & avant que de partir

M

ils l'affûrerent qu'il n'auroit pas
de Voifins plus propres à le fecourir, & qu'ils mettroient toute
leur gloire à le foûtenir fur un
Trône qui étoit la jufte récom-
penfe de fa Vertu.

Les Gamariens fe retirerent,
& s'en retournerent chez eux
fort glorieux de ce fuccés ; &
par ordre de Phalaris, & felon
les Loix, ils firent mourir le Capitaine General des Himeriens
qui avoit été fait Prifonnier.

Phalaris écrivit à Erithie tous
ces évenemens, & fe donna
tout entier à la connoiffance de
toutes les affaires publiques, il
chercha auffi à fe faire des crea-
tures, & par fes préfens il tâcha
de ranger de fon parti les Chefs
de la Nobleffe & les Premiers du
peuple ; il paroiffoit fouvent en
public ; il décidoit lui-même des
differends particuliers ; la feule
équité dictoit fes Ordonnances ;

il s'appliqua à faire fleurir les
Arts & les Sciences, en récom-
penſant ceux qui excelloient
dans les uns ou dans les autres ;
il établit des Loix pour repri-
mer le vice & le libertinage ,
afin de pouvoir mieux élever la
Vertu ; enfin il ſembloit que le
ſiecle d'or alloit renaître.

Neanmoins il découvrit une
conſpiration qu'une troupe de
ſcelerats & gens ſans aveu qui
craignoient la Juſtice , avoient
formée contre lui : Il en fit faire un exemple public , en les
faiſant expirer dans les tour-
mens proportionnés à leur attentat.

Ces genres de ſupplices firent
horreur au Peuple , qui ne juge
que des apparences , & qui dé-
teſte les rigueurs de la Juſtice ,
parce qu'il eſt naturellement
porté à la vie licentieuſe & cri-
minelle ; la clemence les rend

infolens, & la feverité les re-
volte, & les rend féditieux :
Car il eft certain que Phalaris
regnoit en veritable Souverain ;
on ne lui peut reprocher que
trop de feverité ; il avoit en horreur le vice, & le faifoit punir
rigoureufement, ce qui l'a fait
paffer dans l'Antiquité pour un
fi cruel Tyran, que Pline & les
autres ne parlent que de fa Tyrannie, & ne difent rien de fes
Vertus.

Le grand nombre de Confpi-
rateurs que fon autorité & fa
Juftice lui fufciterent, le con-
traignirent d'avoir recours aux
plus terribles fupplices : il par-
donna à beaucoup, afin de faire
rentrer dans le devoir les autres : fa clemence ne fit qu'irriter ces malheureux : Ainfi, pour
fe conferver la vie, il fut réduit
à la faire perdre à bien d'autres.

Au refte, jamais Prince ne

s’eſt acquis tant de gloire : c’é-
toit un Heros pendant la Guerre , & un Philoſophe pendant
la Paix ; l’élevation de ſon génie lui avoit fait reconnoître un
Etre ſuperieur, & l’on peut dire
qu’il a pouſſé l’amour de la Vertu & des Sciences, & de la dé-
licateſſe de la politique au plus
haut degré.

L’infortunée Erithie ne put
pas joüir du bonheur qui ſembloit l’attendre : Comme elle ſe
diſpoſoit à venir à Agrigente
avec ſon fils Paurolas , Pithon
en devint ſi éperduëment amou-
reux, que ſa Vertu étant un obſtacle invincible à ſes infâmes
deſirs, il ſe vangea de ſes chaſtes
rigueurs par le poiſon.

La mort d’Erithie penſa cauſer celle de Phalaris ; ſa ſeule
fermeté lui fit ſoûtenir ce rude
aſſaut ; il chercha, mais en vain,
à ſe vanger de cet attentat.

Il avoüoit qu'il étoit né le plus malheureux des hommes, & que son seul courage l'avoit empêché de succomber, & d'être accablé sous le poids de ses infortunes. Sa constance l'avoit conduit au Trône, qui devoit mettre le comble à sa gloire ; & c'est ce haut degré d'honneur qui l'a flétri & qui l'obscurcit : Tous les autres Peuples ont admiré & sa bonté, & la douceur de son Gouvernement ; les seuls Agrigentins le font passer pour un cruel Tyran. Les Epîtres qu'il a laissées, peuvent seules le justifier. Une Ame abandonnée à toutes les passions les plus outrées, n'est pas capable de sentimens si vertueux & si élevés : Ainsi, j'ai crû que les hommes de ce siecle & des autres à venir, moins prévenus, lui rendroient la justice que toute l'Antiquité lui a refusée, en exami-

nant ſes Ecrits, & en admirant
leur beauté & leur juſteſſe. Les
Siciliens ne peuvent lui pardonner le Taureau d'airain inventé
par Perille Sculpteur d'Athenes,
& qui en fit le premier la funeſte
épreuve.

Ce genre de ſupplice étoit
terrible, puiſque l'on enfermoit
le Criminel vif dans ce Taureau,
& que l'on allumoit du feu autour, ce qui produiſoit des mu-
giſſemens affreux par les cris des
patiens.

Il étoit deſtiné pour punir les
parricides, les aſſaſſinats, & les
plus énormes crimes.

Pourquoi tant ſe déchaîner
contre ce Taureau ? eſt-il de
trop grands ſupplices pour punir de ſi grands crimes ? Et les
autres Princes ne ſe ſont-ils point
ſervis des tortures, & des tour-
mens les plus rigoureux, en ſont-
ils moins grands dans l'Hiſtoire ?

Comme la France a toûjours eu des partifans du vrai merite, & que la Vertu y a toûjours paru dans tout fon éclat, j'efperé qu'elle rendra plus de juftice à Phalaris, que la Grece & la Sicile; & que ne faifant attention qu'à fes grandes Actions, elle le regardera comme un des plus grands Princes de fon fiecle.

Comme tous les Hiftoriens font fort incertains fur fon genre de mort, & que je ne veux rien avancer de moi-même, j'en laiffe au Lecteur le choix; perfuadé que quand il aura lû fa Vie, & qu'il fera penetré des fentimens d'honneur & de Vertu dont toutes fes Lettres font remplies, il ne refufera pas une fin honorable & glorieufe à un Prince dont la vie n'a été qu'un tiffu de grandes Actions.

Fin de la premiere Partie.